CEO를 꿈꾸는 **팀장의** 조건

CEO를 꿈꾸는

# 팀장의 조건

닉 필링 지음 | 양영철 옮김

말·글빛냄

머
리
말

유능한 팀장과 그렇지 못한 팀장은 확연히 구분된다. 회사 내의 권위주의와 무능력한 팀장들을 풍자한 만화인 〈딜버트Dilbert〉에 그토록 많은 사람들이 공감하고 웃는 것만 봐도 알 수 있다. 반대의 경우도 마찬가지이다. 놀랍게도 유능한 팀장 밑에서 일하는 행운을 얻은 사람들은 대부분이 입을 모아 그 팀장을 높게 평가한다. 이렇게 유능한 팀장과 그렇지 못한 팀장을 구분하는 것은 어렵지 않다. 그러나 자기 자신에 대한 평가를 내리기는 결코 쉽지 않다. 그리고 '유능한 팀장'이 되기 위해 어떤 점을 바꾸어야 할지를 인식한다는 것은 더욱 어렵다.

유능한 팀장들이 행동하고, 말하는 것은 우리와 어떻게 다를까? 그들은 어떻게 자신의 분야에서 성공하는 것일까? 만약 그것이 알고 싶다면 이 책은 여러분에게 많은 도움이 될 것이다. 유능한 팀장이 되는 방법은 그리 어렵지 않다. 왜냐하면 대부분의 유능한 팀장들은 서로 비슷한 기술들을 활용하기 때문이다. 이 책은 그 기술들이 무엇이며, 이를 자신에게 적용하는 방법이 무엇인가를 구체적으로 제시한다.

이 책은 팀원, 고객, 회사 내의 고위 상사들과 직접 대면해야 하는 팀장들을 위한 책이다. 유능한 팀장들이 성취한 노하우와 지식들을 체계적으로 정리한 것이다. 그래서 모든 팀장들이 행동하고, 말할 때 알아두어야 할 실제적인 지식을 제공한다.

이 책에서 다루는 내용은 다음과 같다.

### 사람 관리

팀원들과 관련된 어려운 문제를 다루는 훈련을 받아본 팀장은 거의 없다. 이런 상황에서 잘못된 결정을 내리면 누군가는 큰 고통을 받을 수 있다. 당신은 바로 이런 점 때문에 겁을 먹어야 정상이다. 조직 내에서 발생하는 모든 문제를 적절하게 다루는 법은 없는 것일까?

### 리더십

팀장이 된다는 것은 팀의 지휘자가 되는 것만으로 끝나지 않는다. 팀원들은 팀장인 당신이 문제 해결을 위한 구체적인 답과 영감을 주기를 바란다. 사원을 관리하는 것만으로 끝나지 않는 것이다. 상사를 넘어 리더가 되는 방법은 과연 무엇일까?

### 팀 문화

어떤 팀들은 강력한 협력 문화, 동일한 가치관과 목표를 갖고 있다. 강력한 팀 문화를 만들어 내는 방법은 무엇일까?

### 다른 유형의 사람 관리

세일즈맨, 컨설턴트 등 서로 다른 직업을 가진 사람들은 각각 다른 문제들을 일으킨다. 창조적인 일을 하는 유형의 사람과 이를 지원하는 인력들도 마찬가지다. 이렇게 서로 다른 유형의 사람들을 가장 효율적으로 관리하는 방법은 무엇일까?

### 팀 조직

팀의 규모가 커질수록 팀장의 부담도 커진다. 이런 압박감을 관리할 수 있는 검증된 방법들은 무엇인가?

### 비즈니스 관리

손익에 관한 특정한 책임이 없다하여도 팀장은 팀의 상품이나 서비스를 완성하고 고객에게 판매하는 데 초점을 맞춰야 한다. 팀 비즈니스에 적용할 수 있는 좋은 비즈니스 관리의 기본 원칙들은 무엇인가?

### 조직 관리

한 팀이 좋은 결과를 내면 조직 내의 다른 팀들은

오히려 위협으로 느낄 수 있다. 그래서 당신의 팀이 제대로 일을 수행하지 못하도록 은근한 방해를 하려는 시도가 조직 내에서 끊이지 않을 것이다. 팀장으로서 당신은 자신의 팀과 다른 조직 사이의 연결고리 역할을 할 수 있어야 한다. 그렇다면 어떻게 해야 할까?

### 무엇을 알고, 어떻게 행동하고, 어떻게 말하는가

이론과 실천 사이에는 엄청난 차이가 있다. 실제 일어날 수 있는 사례들을 살펴보면서 이 격차를 줄여나가는 방법을 터득하자.

# 이 책을 그대로 받아들이는 것에 대한 경고

이 책을 읽는 당신은 아마도 매우 바쁜 사람일 것이다. 그런 당신이 이 책을 반드시 읽어 주기를 바라기 때문에, 읽기 쉽도록 간결하고 명료한 문체를 사용했다. 그러나 이런 문체를 쓰는 데에는 어느 정도 위험도 따른다.

먼저, 독자들이 저자의 말을 "문자 그대로" 받아들일 위험이 있다. 나는 독자들이 이해하기 쉽도록 하기 위해 때로는 과장하거나 단순화시키기도 했다. 그러나 이 책의 목표는 정확히 따라야 한다는 원리를 제시하는 것은 아니다. 독자들이 자신의 문제를 다시 한번 고려해 볼 수 있도록 도움을 주려는 것이다.

팀장마다 각각의 특수한 상황에 놓여 있으며, 이 책의 내용도 그런 상황에 맞게 해석되어야 한다. 예를 들어, 팀이 계속 적자만 내고 있을 때는 생존을 좌우하는 상황에서나 사용할 수 있는 극단적 방법을 선택해야 할 것이다. 응급실의 의사들이 의자에 앉아 환자와 함께 치료 방식을 천천히 결정해 나가는 여유를 본 적이 있는가?

또 이 책에서는 문제 상황들을 실제보다 단순화시켜서 설명한다. 이때 책의 일부만을 읽은 다음, 책이 지적하는 문제들을 이해했다고 착각하고는, 막상 실제 상황에 부딪쳤을 때는 적절히 대처하지 못할 수도 있다. 내 개인적으로 경영 이론은 매우 단순하다고 생각한다. 그러나 이론을 실행에 옮기기는 매우 어렵다. 책에서 읽었다고 익혀지는 것이 아니기 때문이다. 이 책에서는 독자들이 자신의 업무를 되돌아볼 수 있도록 토대를 마련하고, 직접 시도할 가치가 있는 여러 기술들을 제시한다.

# contents

## 6 비즈니스 관리

## 7 조직 관리

# 8 경영의 핵심 주제들

# 9 무엇을 알고, 어떻게 행동하고, 어떻게 말하는가

사람들은 항상 말이 아닌 행동으로 당신을 평가한다.
팀의 멤버들은 팀장의 행동을 본보기 삼아 따라갈 뿐이다.

팀장의 행동은 팀을 따르는 구성원들의 모범이 되어야 한다.

경영의 가장 중요한 원칙 중 하나인 『경영의 황금률』
이다. 이 황금률이 내포하고 있는 다양한 의미는 이 책
전반에 걸쳐 여러 번 다양한 모습으로 강조된다.

# BRILLIANT MANAGER

# 1

## 사람 관리

이 책을 쓰게 된 동기는 바로 이 장을 쓰고 싶다는 생각에서 비롯되었다. 솔직히 말해서 평균적으로 보았을 때 팀장들이 팀원을 관리하는 수준은 그렇게 높지 않다. 그래서 뛰어난 팀장이 되기 위한 지침서를 쓸 때 이 점에서 출발해야 한다고 생각했다. 먼저 긍정적인 시각에서 출발해보자.

"직장 내에서 사람들은 쉽게 용서한다. 당신의
업무 성과가 올라가면 팀원들은 과거의 잘못을
쉽게 잊어 준다."

이는 당신의 관리 방식에 대한 팀의 관점을 긍정적인 방향으로 돌릴 수 있다는 뜻이다. 이런 상황에 적용할 수 있는 『경영의 황금률』이 있다.

"당신이 원하는 방식으로 팀원들을 행동하게 만드는 가장 쉬운 방법은, 당신이 그런 방식으로 행동하는 것이다."

## 사람 관리의 기본 원칙들

사람을 관리함에 있어서 팀장들의 가장 큰 문제는 무엇일까. 사람을 관리할 때의 원칙도 좋은 부모나 교사가 되기 위한 원칙과 매우 유사하다는 것을 이해하지 못한다는 점이다. 이 원칙들을 살펴보자.

- 사람들이 내는 성과나 그들의 행동에 대해 높은 기대 수준을 가질 것.
- 받아들일 수 있는 행동 범위에 대해 명료한 경계선을

설정해 놓을 것.

- 규칙을 따르게 하고, 용납할 수 없는 행동에 대해서는 규정에 따라 처벌할 것.

- 업무의 성과 수준을 명확하게 설정할 것. 그리고 그 수준에 도달하지 못하는 팀원들이 업무 수준을 높일 수 있도록 도와 줄 것. 만약 팀의 성과가 향상되지 않을 경우 해당 직원을 팀에서 제외해야 할 것인지, 아니면 회사를 그만두도록 해야 할지를 결정해야 한다.

- 팀원들이 내는 성과와 행동에 대하여 명료하고 즉각적인 평가를 해 줄 것. 뛰어난 성과는 칭찬하고, 기대에 못 미치는 성과에 대해서는 건설적인 비평을 해야 한다.

- 상사로서 팀원들에게 기대하는 성과의 수준과 행동에 대한 본보기를 보여 줄 것.

- 팀의 존경을 받을 수 있도록 행동할 것.

부모나 교사가 된다는 것은 매우 막중한 책임을 맡는 것이다. 훌륭한 팀장이 되려면 이와 동등한 수준의 책임감을 가져야 한다. 팀장으로서 부담스러울 수도 있지만, 팀원들의 입장에서는 바로 그런 원칙들을 훌륭한 팀장의 요건이라고 생각하기 때문이다.

## 관리는 사람들을 조종하는 것인가?

사람들을 교묘하게 조종하지 않고서도 뛰어난 팀장이 될 수 있다고 믿고 싶을 것이다. 그러나 팀장으로서 일을 하다보면 어쩔 수 없이 사람들을 조종해야 할 상황에 직면하곤 한다. 팀장은 고객들, 자신이 속한 조직이나 팀, 새로운 비즈니스를 위한 경쟁에서 비롯되는 다양한 문제들을 해결해야 한다. 팀장은 이런 상황에서 불가피하게 다른 사람들에게 그들의 이익에 반할 수도 있는 행동을 하도록 만들 경우도 있다. 뿐만 아니라 팀원들에게 전체의 큰 그림을 모두 설명하지 못하는 상황들도 발생하기 마련이다. 이렇게 사람들을 조종하더라도 최소한 "의도만큼은 윤리적으로 나쁘지 않다"는 점에서 위안을 받아야 한다. 윤리적인 조종의 정의는 다음과 같다.

"만약 팀 구성원들이 전체적인 상황을 이해하고
있다면 팀원들은 당신의 행동을 지지할 것이다."

여기서 사람을 조종하는 것에 대해 언급하는 이유가
있다. 대부분의 팀장들의 경우 팀원들이 팀장인 당신의
동기에 의구심을 갖고 불만을 토로하기 때문이다. 궁극
적으로는 팀원들이 팀장인 당신을 존경하고 신뢰하느
냐의 문제로까지 발전하기도 한다. 팀원들이 의구심을
갖는 것은 매우 자연스러운 일이다. 일하면서 신뢰와
존경을 향상시키는 방법은 오로지 팀원들에게 숨김없
이 대하고, 원칙을 지키는 모습을 보여주는 것이다. 이
때 중요한 문제가 발생할 수 있다.

### ⟫ 과연 얼마나 숨김없이 행동해야 하는가?

가능한 한 마음을 열고 숨김없이 솔직하게 대해야 한
다. 여기서 문제는 '가능한 한'이라는 애매한 단어가 실
제에서 정확히 무엇을 의미하느냐이다. 이를 해결하기
위해 덜 솔직해도 되는 상황들을 살펴보자.

### 비밀을 지켜야 할 때

조직이나 회사에서 특정 정보를 비밀로 하라는 지시를 받거나, 비밀을 보장해야 할 상황에서 알게 된 정보를 알려줄 수 없을 때.

### 솔직함 때문에 누군가가 불필요한 고통을 겪게 될 때

예를 들어 팀의 특정한 구성원에게 업무 방식을 바꿔야만 팀 전체의 성과가 올라갈 수 있다고 설명해야 할 상황이 있다. 이때 이 직원이 비판을 받아들이고 긍정적으로 반응할 수 있도록 말을 가려서 선택적으로 해야 한다.

### 모든 것을 밝혔을 경우
### 불필요하게 팀의 사기를 떨어뜨릴 수 있을 때

좋은 예로는 회사의 경영진이 결정해서 내려보낸 사항들이 있을 수 있다. 이런 결정 사항들 대부분은 처음에 대면했을 때보다는 훨씬 덜 위협적인 방식으로 실제에 적용된다. 이런 문제에 대한 가장 좋은 방법은 먼저 팀원들이 제기하는 질문에 숨김없이 대답하라는 것이다. 또한 팀원들이 모이는 시간, 예를 들어 커피 타임

등에 얼굴을 내밀고 사람들이 편안하게 질문할 수 있도록 한다. 이렇게 할 경우 등뒤에서 모든 일들이 암암리에 진행된다는 인상을 불식시킬 수 있다. 동시에 팀장으로서 이런 쟁점에 대해 딱딱하게 굴지 않는다는 자세를 보여줄 수 있다. 즉 팀에게 영향을 미치는 문제가 발생할 경우, 즉시 팀에게 알려준다는 안도감을 주는 효과가 있다.

### 결과가 커뮤니케이션을 하는 노력만큼 가치가 없을 때

팀 구성원들과 원하는 만큼 커뮤니케이션을 할 시간이 없다는 사실을 깨달아야 한다. 이는 곧 커뮤니케이션에 우선순위를 둬야 한다는 것을 의미한다. 결과적으로 어떤 문제는 직접 다루지 못할 수도 있다.

## 팀 내에서
## 커뮤니케이션 체계를 구축하는 법

우선 조금은 우울할 수도 있는 사항을 두 가지만 언

급하겠다. 첫째, 대부분의 팀장들이 받는 압박 중에서도 가장 문제가 되는 것이 팀 내의 커뮤니케이션이다. 둘째, 팀 내의 커뮤니케이션을 위해 아무리 노력해도 팀원들은 정보를 제대로 전달받지 못하고 있다고 느낄 확률이 높다.

> "팀원들에게 직접적으로 영향을 미치는 문제들은 '되돌릴 수 없는 결정을 내리기 전에' 반드시 상의해야 한다. 왜냐하면 사람들은 본인의 일이 자신과 전혀 상의도 없이 이루어질 때 가장 많은 스트레스를 받기 때문이다."

사람들은 자신의 환경에 대해 통제력을 잃었다고 느낄 때 심리적으로 불안해하고 스트레스를 받으며 의욕을 상실한다. 이는 매우 잘 알려진 사실이다.

팀장들은 팀원과 직결되는 사항들을 팀 내의 커뮤니케이션에서 최우선으로 중요하게 여겨야 한다. 이때 팀 내의 다른 구성원들을 적절하게 활용할 수도 있다. 그러나 나쁜 소식은 가능하면 직접 전달하는 습관을 가져야 한다.

## 팀원들의 질문을 회피하지 마라

팀장이 팀 구성원들의 질문에 회피하지 않는 모습을 보여줄수록, 팀원들은 팀장이 무언가를 숨기고 있다는 의심을 덜하게 된다.

## 커뮤니케이션을 위한 공식적인 모임은
## 짧게 정기적으로 하되 다른 정기적인 회의들과 구별한다

공식적인 커뮤니케이션 모임은 관계자 모두에게 괴로울 뿐이다. 보통 팀장과 팀원 모두가 그런 모임들을 싫어할 것이다. 그러나 이런 모임들은 매우 중요하다. 그리고 일정을 잡아서 해야 하기 때문에 정기적으로 열릴 수밖에 없다. 또 팀원들이 팀장에게 직접 불만을 토로할 수 있는 기회를 정기적으로 제공하기 때문에 팀 내에 쌓여가는 불만을 해소할 기회가 되기도 한다. 그러나 모두에게 괴로운 이런 모임을 무한정 계속 끌고가는 실수를 저질러서는 안 된다. 1시간 이내로 마무리하는 것이 좋다.

커뮤니케이션은
쌍방향으로 이루어져야 한다는 점을 명심하라

팀장으로서 팀 구성원들이 부담없이 질문할 수 있는 여건을 만드는 것은, 달리 생각해 보면 팀장도 팀원들에게 질문을 할 수 있다는 뜻이다. 이 뿐만이 아니라, 정기적으로 팀원들과 1：1로 대면하는 모임을 갖게 되면 멤버들의 의견을 구체적으로 알 수 있다. 남의 이야기를 잘 들어주는 것에 타고난 사람이라면 쉽겠지만, 대부분의 사람은 다른 사람의 말을 들어주는 연습을 해야 한다. 만약 팀원의 고과 평가를 담당하는 사람이 팀 조직에 포함되어 있을 경우, 팀 내의 의견을 취합하여 평가하는 데 활용할 수 있을 것이다. 또 문제가 더 커지기 전에 보고를 받을 수 있다.

## 문제 있는 직원 다루기

어떤 직원의 경우는 팀장의 노력이 더 소요되는 사람도 있다. 여기서 특히 조심스럽게 다뤄야 할 직원의 유형 세 가지를 제시하겠다. 우선, 기대 이하의 성과를 내는 사람이 있고, 둘째, 정말로 잃고 싶지 않은 유능한 사람이 있으며, 마지막으로 팀장이 시간과 노력을 많이 들여 관리를 했음에도 불구하고 경영에는 큰 기여를 하지 못하는 사람이 있다.

## ≫ 기대 이하의 성과를 내는 직원 다루기

가장 먼저 지적하고 싶은 사항은 다음과 같다.

> "팀원들이 기대 이하의 성과를 낼 경우 즉시 그 사실을 알려줘야 한다."

당연한 말로 들리겠지만, 의외로 많은 팀장들이 이를 제대로 이행하지 못한다. 그러나 팀원들에게 그런 사실을 지적할 때도 바람직한 방법과 바람직하지 않은 방법이 있다.

> "직원을 처벌하거나 해고할 경우 반드시 규정에 따라야 한다."

여기서는 부하 직원이 자신의 문제를 스스로 극복하도록 도움을 주는 방법을 설명하겠다. 그러나 기대 이하의 성과를 내는 직원에 대해 때로는 공식적인 절차를 밟아야 할 수도 있다는 점을 항상 인식해야 한다. 나라마다 부당한 해고를 규정하는 법률은 각각 다르다. 또 조직마다 기대 이하의 성과를 내는 직원들을 다루는 절차도 다 다르다. 직원을 해고할 때에는 회사의 해고 절차가 어떤 것인지를 정확히 파악한 다음, 규정 그대로 따르는 것이 좋다. 인사부가 잘 구성되어 있을 경우, 그들의 도움과 충고를 받는 것도 좋다. 이런 상황에서는 반드시 규정에 따라 처리해야 한다.

## 문제의 원인을 규명하라

여기에는 두 가지 핵심 사항이 있다. 첫째로 해당 직원이 문제 상황을 제대로 인식하고 있는지의 여부이며, 둘째는 근본적인 문제가 있는지, 아니면 게으름이나 시간관리 미숙 등 간과하기 어려운 원인이 있는지를 확인하는 것이다. 해당 직원에게 책임이 있다면 적절하게 행동하도록 단호하게 일깨워 줘야 한다. 그 밖의 경우에는 해당 직원과 팀장 모두 문제를 알고 있음을 확인하고, 어떻게 해결하면 좋을지를 함께 결정한다. 그런 다음 어떻게 개선해야 할지, 팀장의 요구를 알려줘야 한다.

### 팀원들에게 건설적인 비판을 할 때에는 사람 자체를 비난해서는 안 된다

다른 사람에게 성격의 결점을 설명하는 목적은, 그 결점들이 야기하는 문제들을 제대로 해결할 수 있도록 돕기 위한 것이다. 만약 결점을 근거로 사람 자체를 비난할 경우 건설적인 비난을 받아들이지 않을 확률이 높다. 이 책을 읽는 독자들도 대부분은 이른바 비난의 문화권에서 살고 있을 것이다. 팀원들은 실패의 책임과 비난이 자신에게 돌아올 것이라고 생각하면 자연히 진실을 숨기고 위험을 무릅쓰려고 하지 않는다. 따라서 팀 내에서 비난 문화를 만들지 않도록 주의해야 한다.

그러나 대부분의 조직에는 기본적으로 비난의 문화가 존재 한다. 결국 비난의 문화가 만들어지지 않도록 적극적으로 노력하지 않으면 그런 문화가 정착될 것이다.

### 도달할 수 있고 예측 가능한 목표를 설정하라

기대 이하의 성과를 내는 팀원들이 자신에게 요구되는 사항이 무엇인지 정확히 아는 것이 중요하다. 이들에게 제시되는 목표들은 반드시 적절하게 도전적이면서도 성취 여부를 쉽게 측정할 수 있는 것이어야 한다.

### 절대 사적인 원한을 품지 마라

직원을 처벌하거나, 건설적이지만 비판을 한 후라면 팀장이나 해당 직원 모두 불편함을 느낄 것이다. 이때 팀장은 아무런 일도 없었던 것처럼 행동하면서, 서로가 어떻게 대해야 하는지 본보기를 보여 주어야 한다. 해당 직원이 계속해서 힘들어 할 경우에는 해결할 방법을 찾아야 한다. 아예 모른 척하거나, 아니면 조용한 대화로 직원이 자신의 문제를 인식하도록 도움을 줄 수 있다. 동시에 그가 갖고 있는 문제를 해결하는데 도움을 주려 한다는 것을 이해시켜야 한다.

### 사람의 결점에서도 장점을 발견할 수 있다

예를 들어 추진력이 매우 강한 사람의 경우, 그렇지 않은 사람들이 보면 너무 서두르는 것처럼 보일 수 있다. 이런 경우에는 긍정적인 면을 인정하는 동시에, 거기에 따르는 부정적인 면을 인식하고 조절하면 좋을 것이라고 충고해 주는 것이다. 물론 부정적인 면들이 완전히 사라질 확률은 낮지만 적어도 개선은 될 것이다.

## 절대로 사람들의 자존심을 과소평가해서는 안 된다

건강한 팀을 구축하기 위해서는 존중이 핵심적인 요소이다. 거기에는 자기 자신에 대한 존중인 자존심과 타인에 대한 존중 모두가 포함된다. 어떤 직원이 현재의 위치에서 잠재력을 발휘하지 못한다고 해서, 다른 업무나 다른 위치에서도 능력을 발휘하지 못하리란 법은 없다. 이는 다른 팀으로 옮겼을 때, 또는 완전히 다른 조직이나 회사로 옮길 때도 마찬가지이다.

## 기준을 벗어나면 냉정하게 다루어라

팀원들에게는 문제를 극복할 수 있도록 충분한 시간을 부여한다는 것을 알려 주어야 한다. 성과를 내지 못하는 팀원에 대해서는 꼼꼼이 분석한 후, 적절한 처방을 내릴 것이라고 주의를 주어야 한다. 이는 업무를 변경하거나 다른 팀으로 부서를 옮기는 상황에서도 마찬가지다. 그러나 팀 전체가 이런 팀원을 무한정 무임승차시켜 줄 수는 없는 노릇이다. 팀의 생존을 위협하는 문제가 될 수 있기 때문이다. 따라서 그런 팀원들이 계속 허우적거리도록 내버려두는 것은 바람직하지 않다.

### 가능한 빨리 마무리 지어라

대부분의 사람들이 일에서 성공하고 싶어하므로 성과가 낮은 팀원은 불행한 조직 생활을 하게 된다. 일단은 그 팀원이 스스로 문제를 해결하도록 충분한 시간을 제공한다. 그럼에도 불구하고 기대에 못 미치면, 이 사람을 다른 부서에 배치할 것인지, 해고할 것인지를 결정해야 한다. 이때 반드시 상사나 인사부와 상담하고 충고를 듣는 것이 좋다.

만약 해고해야 할 상황이라면 절대로 질질 끌어서는 안 된다. 시간을 끌수록 해당 직원이 받을 충격은 더 기지기 때문에 가능한 한 빨리 끝맺는 것이 좋다. 또한 추천서를 써 줄 수 있다면 그 점에 대해 언급을 하거나, 다른 조직에서는 성공할 수 있다고 격려해 주는 것이 좋다. 또한 인수 인계 등 행정적으로 처리해야 할 사항은 확실히 마무리를 지어야 한다.

## 수습기간을 통해 문제가 있는 직원은 반드시 가려내라

기대치 이하의 성과를 내는 직원들 중 수습기간을 거치면서 문제가 있다는 것이 확인되었음에도 불구하고 정식 사원이 되는 경우가 놀라울 정도로 많다. 하지만 문제가 있다면 수습기간에 확실히 가려내야 한다. 수습생을 떨어뜨리는 것이 정규 사원을 해고하는 것보다 훨씬 더 쉬운 일이기 때문이다.

기대 이하의 성과를 내는 직원들에 대해 단호하게 대처할 경우, 다른 팀원들이 어떻게 반응할지 걱정하는 팀장들이 많다. 그러나 개선할만한 시간을 충분히 제공하기만 하면, 대부분의 팀원들은 오히려 팀장보다 더 냉정하게 반응한다. 결국 팀의 다른 구성원들이 문제 직원의 뒤처리를 해야 하기 때문이다.


### ≫ 핵심 부하 직원 다루기

팀에서 핵심 직원은 왜 다른 직원들과 다르게 다루어야 할까? 팀장은 본능적으로 모든 사람을 공정하게 대하려는 생각을 갖고 있다. 모두를 동등하게 대하는 것이 편애한다는 비난이나 갈등을 예방할 수 있기 때문이다. 그러나 인정해야 할 차이가 있는 것도 사실이다.

핵심 직원들은 종종 슈퍼스타와 같은 성격의 소유자들이 많다. 그러나 앞에서도 언급했듯이 강점에는 반드시 부정적인 면도 따르기 마련이다. 천재성에 따르는 부정적인 측면을 다루기 위해 시간을 들인다는 것은 합리적인 생각이다. 예술가들이나 과학자들의 세계에서는 천재성과 광기는 종이 한 장 차이에 불과하다는 말이 있다. 그러나 그 말은 거짓이다. 종이 한 장 차이? 절대 아니다. 아예 차이가 없다.

보통 핵심 직원들은 팀장들이 자신을 중요하게 생각한다는 것을 잘 알고 있다. 그래서 자신의 능력을 자신에게 유리한 쪽으로 이용하려고 시도하는 경우가 많다.

여기서 당신이 해결해야 할 중요한 문제는 이런 직원들을 위해 당신이 기꺼이 할 수 있는 일이 무엇인지, 그 기준을 정하는 것이다. 다음과 같은 방법이 있다.

### 핵심 직원에게 인정하고 있음을 보여줘라

어떤 팀장들은 팀 내에서 가장 중요한 사람들에 대해 일부러 실제보다 가치가 낮은 것처럼 행동하기도 한다. 그들이 그런 행동을 모를 정도로 머리가 나쁘다고 생각하는가? 물론 절대적으로 필요하며 교체할 수 없는 직원은 존재하지 않는다. 그리고 극단적인 상황에서도 팀은 생존할 수 있다. 하지만 핵심 직원의 가치를 애써 낮추려는 행위는 절대로 바람직한 행동이 아니다.

### 핵심 직원들과 끊임없이 대화를 나누어라

대부분의 경우 직원들은 점점 불만이 쌓이다가 더 이상 참을 수 없을 때, 사소한 이유로 불만을 터트리고 사표를 던진다. 핵심 직원들과 계속 대화를 주고받는다면 작은 불만들을 확인할 수 있을 뿐 아니라, 불만이 폭발하는 것도 방지할 수 있다. 직원들은 대개 불만을 느끼면 조금씩 넌지시 암시하기 때문에 문제가 있는지를 항상 경계해야 한다. 이런 문제들은 위기 상황이 닥치기 전에 다루면 훨씬 더 수월하고 적은 대가를 치르고 해결할 수 있다. 무엇보다 핵심 직원이 누구인지를 알아차리는 것이 중요하다. 항상 화려하게 주목을 받는 슈퍼스타와 같은 직원만은 아닐 수도 있다. 비즈니스를 계속 유지해 나가는데 중요한 역할을 하는, 눈에 띄지 않는 사람들을 간과해서는 안 된다.

### 부드러운 말 한마디가 사람을 움직인다

핵심 직원들이 팀원들에게 존중받기를 원한다면, 지나치게 많은 요구를 하게 해서는 안 된다. 이런 사람들에게는 "다른 팀원들이 어떻게 생각할지 조금 걱정이 되네요"라고 부드럽게 한마디만 해도 효과적일 경우가 많다.

### 근본적인 불만을 해결하라

핵심 직원을 잃지 않기 위해 어디까지 허용할 것인지 확실한 기준을 정해야 한다. 그리고 그 기준을 일관성 있게 지켜나가야 한다. 수단과 방법을 가리지 않는 장사치들이 제시하는 연봉은 일반적인 기업에서 감당할 수 있는 규모를 훨씬 뛰어넘는다. 핵심 직원이 그만두겠다고 할 때 큰 연봉으로 잡아두려고 해서는 다른 직원들이 불만을 터뜨려 오히려 문제가 더 커진다. 이런 상황에서는 연봉이 아닌 다른 문제가 원인일 가능성도 있기 때문에 그 근본적인 원인을 찾아 보는 것도 하나의 방법이다. 그 원인을 찾아 해결하고 핵심 직원이 다시 마음을 돌릴 수 있도록 충분한 시간을 주어야 한다.

### 핵심 직원이 떠날 경우를 대비해 계획을 세워라

미래에 닥칠 문제에 대해 대처할 계획을 일일이 다 세우는 것은 최선이라고 할 수 없다. 그러나 핵심 직원이 팀장에게 불만을 토로하기 시작했다면, 그가 떠났을 때 어떻게 대처할 것인지를 계획하는 것이 좋다. 핵심 직원이 현재의 일자리에 만족할 수 있도록 노력하는 것도 중요하지만 떠나보낼 때를 아는 것도 중요하다.

또한 직원이 떠날 때에는 서로 좋게 헤어져야 한다. 한 번 떠난 직원일지라도 의외로 다시 마주칠 확률이 높다. 심지어 어떤 때는 원래의 일자리로 되돌아오고 싶어하는 경우도 있다. 서로 불쾌하게 헤어져서 좋을 것이 없다는 점을 기억하라.


## ≫ 개별 관리를 필요로 하는 직원 다루기

팀장인 당신은 종종 핵심 직원을 위해 시간을 투자한 경우가 있을 것이다. 그러나 팀에 기여하는 바가 크기 때문에 시간을 들여도 손해 보는 느낌은 없었을 것이다. 반면에 똑같이 시간을 투자함에도 불구하고 성과가 오르지 않는 직원들이 있다. 더러는 상사나 회사가 제대로 대우해 주지 않는다며 불평을 터트리는 직원도 있다. 그런가 하면 자신의 실제 능력을 과대평가하면서 능력을 인정해 주지 않는다고 불평하는 직원들도 있다. 성격적으로 다른 사람의 불만을 부채질하는 사람들도 있다. 이렇게 팀장을 자극하는 유형의 사람들은 도대체 어떻게 다루어야 할까?

가장 쉬운 전략은 아예 이런 직원을 관리해야 할 상황 자체를 피하는 것이다. 신입사원을 채용할 때 이런 유형을 찾아내 애초부터 고용하지 않는 것이다. 수습기간 동안 발견된 문제가 고쳐지지 않으면 정사원으로 선발하지 말아야 한다. 그러나 아무리 신경을 써도 업무에 큰 기여를 못하는 직원들이 팀에 들어오기 마련이다. 이럴 때에는 해당 직원에게 문제를 인식하게 하고, 문제를 조금이라도 개선해 나가는지를 살펴보아야 한다. 만약 개선의 여지가 보인다면 팀장은 거기에 힘을 쏟아야 한다. 반대로 성격적으로 끊임없이 문제를 일으키는 직원들도 있다. 자신을 실제 능력보다 과대평가하고 과도한 대우를 바라는 유형이 그런 예이다.

관리를 위해 이렇게 많은 노력을 쏟는데도 불구하고 기여도가 낮은 직원들은 어떻게 해야 할까? 일단 소요되는 노력만큼의 가치가 있는지를 계산해 보아야 한다. 만약 그만한 가치가 없다면 문제 직원에게 들이는 시간과 노력을 줄이거나, 팀에서 제외할 기회를 찾아야 한다.

대부분의 팀장들은 팀원들의 평가에 대해 사실적으로 전달하지 않는 경우가 많다. 자기 자신을 과대평가하는 직원에게는 솔직히 팀장으로서 그만큼 높이 평가하고 있지 않다고 말해 주어야 한다. 그리고 잠재력을 발휘할 수 있는 근무 환경을 갖춘 곳을 찾아보라고 권유한다.

이런 방법이 너무 잔인하게 느껴진다면 문제의 직원들을 떠안은 채 하염없이 떠나주길 기다리는 방법밖에는 없다. 이때 팀장 혼자서만 괴롭다면 큰 문제는 없지만, 미꾸라지 하나 때문에 연못 전체가 흐려지는 상황이라면 잔인하게 대응하는 편이 훨씬 더 낫다.

이런 직원들의 불만을 잠재우기 위해 요구하는 대로 다 들어주는 회사는 없다. 능력보다 월급을 더 많이 줘서도 안 되고, 비합리적인 요구를 들어줘서도 안 된다. 만약 들어줄 경우 다른 직원들의 불만을 사는 것은 불을 보듯 뻔하기 때문이다.

# 팀원들의 능력 개발

　대부분의 기업은 매년 정기적으로 직원들의 성과를 평가한다. 필자 개인적으로 형식적인 고과 평가에 대해서는 의구심을 갖고 있지만 정기적으로 팀원들의 성과를 평가하는 것은 꼭 필요하다고 믿는다. 성과를 평가할 때에는 여러 가지 요소를 고려할 수 있지만, 그중에서도 가장 중요한 문제는 다음과 같다.

　　"팀원들의 성과에 있어서 개선해야 한다고 느끼는 점은 무엇인가?"

　어떤 직원이 조직 전체에 대한 기여도를 높일 수 있는 방법이 있다면 팀장은 그 방법을 직원에게 알려 주어야 한다. 너무 당연한 이야기처럼 들리지만 이런 의무를 이행하지 않는 팀장들은 수없이 많다.

　필자는 직원들을 평가할 때 그들의 강점과 약점을 요약해서 알려준다. 지난 한 해의 업무 성과를 돌이켜 보면서 특별히 잘 한 점, 기대에 미치지 못했던 점을 강조하는 것이다. 그런 다음 당사자와 함께 팀장으로서 나의 평가가 공정한지에 대해 토론한다. 이렇게 평가하는 팀장과 평가를 받는 사람이 유사한 인식을 하고 있는지 확인하는 것이 중요하다. 또 평가를 받는 사람이 미래에 대해 어떤 희망과 야망을 갖고 있는지, 어떤 도전을 특별히 흥미롭게 생각하는지도 물어 본다. 마무리 단계에서는 이 직원의 업무 성과를 높이거나 일을 더 즐겁게 할 수 있는 방법이 있는지, 개선할 점은 무엇인지를 말해 준다.


### ≫ 적절한 일, 적절한 사람, 적절한 시간

팀원들에게 각자 알맞은 업무를 찾아주고 배치하는 것이 팀장의 가장 중요한 업무이다. 그러나 팀원을 배치하는 가장 흔한 형태는 바로 다음과 같다.

"나타샤! 자리 하나가 비어 있는데, 특별한 일이 없으면 거기서 일하도록 해!"

이를 다르게 말하자면,

"네모난 구멍이 있거든. 동그란 말뚝을 박으면 되겠는데 망치 좀 줄래?"라고 말하는 것과 마찬가지이다.

사원의 능력 개발은 적절한 시기에 능력을 기를 수 있는 적절한 자리를 찾아줌으로써 이루어진다. 그렇게 하려면 팀 구성원 각자의 장점이 무엇인지를 파악하고, 그 장점을 활용하고 발전시킬 수 있는 업무를 찾아줘야 한다.

그러나 의외로 강점을 전혀 살리지 못하는 업무에 배치되는 경우가 더 많다. 오히려 약점을 부각시키는 업

네모난 구멍에는 네모난 말뚝이 필요하다.

무를 할당하면 약점을 보완하는 방법을 배울 수 있다는 그릇된 믿음을 갖고 있는 경우도 있는데, 이런 방법은 실패할 가능성이 더 크다는 사실을 빨리 깨달아야 한다. 대부분의 사람들은 자기가 자신 있는 분야에서 더 큰 활약을 보여주기 때문이다.

# 알고, 행동하고, 말하라

### 신뢰와 질책을 똑같이 하라

여기에는 다음과 같은 매우 간단한 규칙이 있다.

"신뢰는 팀원들이 얻고, 비난은 전부 팀장이 받아라."

팀이 일을 망치면 팀장은 팀원들을 질책해도 된다. 그러나 상사가 당신의 팀을 질책하도록 내버려둬서는 안 된다. 팀장인 당신이 야단을 맞더라도 팀을 질책하도록 하는 것은 절대 금물이다.

### 문을 열어놓는 것만으로는 충분하지 않다

요즘은 팀장들이 팀원들에게 자신의 문은 항상 열려 있다고 말하는 것이 하나의 전통이 되었다. 그러나 이보다 훨씬 더 강력한 메시지를 전달해야 한다.

"불평이나 불만이 있을 때에는 꼭 내게 말하라"

이런 메시지는 부하 직원들이 불만이나 분노를 꾹 눌러 참지 않아도 되는 분위기를 조성한다.

## 당신이 실수를 하면 반드시 사과하라

상사로부터 사과를 받아 본 기억이 있는가? 진심으로 사과했을 때 이를 거절하는 사람은 거의 없다. 실수를 하더라도 사과를 하면 끝낼 수 있다는 사실만으로도 스트레스를 확 줄일 수 있다. 일단은 한번 시도해 보길 바란다.

## 팀장은 예의를 갖춰야 한다

도대체 왜 그토록 많은 팀장들이 기본적인 예의범절을 지키지 않는지 이해할 수 없다. 누구나 어렸을 때 어머니로부터 "부탁합니다" 또는 "감사합니다"를 잊지 말라고 교육을 받았다. 회사라고 해서 예의범절이 적용되지 않는 것은 아니다. 부하 직원이 업무 처리를 잘 했으면 칭찬해 주어야 한다. 또 『경영의 황금률』에 따르면, 팀장이 예의를 지키면 팀 전체의 문화도 예의를 지키는 것을 중시하게 된다.

## 약속한 것은 꼭 지켜라

듣기에는 너무 당연한 이야기 같다. 그러나 "지킬 수 없는 약속은 하지 마라"로 바꿔서 말하면 문제가 선명하게 드러난다. 팀장으로서 당신은 언제나 바쁘다는 사실을 기억해야 한다. 시간이 부족해서 지키지 못할 약속은 하지 말아야 한다. 사람은 의도적으로 약속을 지키지 않으려고 하는 경우는 거의 없다. 약속을 지킬 능력이 없어서 못 지키는 경우도 많지 않다. 대부분의 경우 너무 바빠서 지키지 못한다. 가장 확실한 해결책은 애당초 지킬 수 없는 약속은 하지 않는 것이다.

## 신뢰할 수 없는 사람을 잘 선별하라

이 충고가 그다지 큰 도움이 되지 않는다는 사실은 잘 알고 있다. 도대체 신뢰할 수 없는 사람을 어떻게 판별해 내라는 말인가? 신뢰할 수 있는 사람을 찾아내는 데에는 기본적으로 두 가지 방법이 있다. 첫째, 인격적으로 옳고 그름을 잘 판단하는 사람, 둘째, 팀의 다른 구성원들에게 신뢰를 받는 사람이 누구인지 파악하는 것이다. 두 번째 방법은 팀 구성원들과의 충분한 교류와 약간의 관찰만으로도 가능하기 때문에 추천할 만하다. 신임 팀장들이 가장 흔히 저지르는 실수 중의 하나가 팀원들이 신뢰하지 않는 사람을 믿고 가까이 지내는 경우이다.

### 팀원들이 불쾌한 일을 당하게 해서는 안 된다

어떤 직원이 싫어하는 일을 해야 할 상황이라면, 그 직원이 뒷통수를 맞았다는 느낌이 들지 않도록 해야 한다. 예를 들어 공식적으로 연봉에 대해 통보받기 전에, 먼저 그들과 대화를 나누어야 한다. 또 다른 예로 기대 이하의 성과를 낸 직원에게 공식적인 경로를 통해 문제가 있다는 사실을 미리 알려주는 것이다. 직원들은 난데없이 불쾌한 일을 당하면 불만을 느낄 것이다. 그리고 그런 불만은 충분히 정당한 것이다.

### 일관성 있게 행동하려고 노력하라

행동에 일관성이 없어 보이면 팀 내에서 팀장의 권위는 크게 떨어진다. 이 책에서도 여러 번 언급하겠지만, 팀장은 냉정하게 때로는 단호하게 행동해야 한다. 그래서 "엄하지만 공정하다"는 평판을 유지하는 것이 중요하다. 이렇게 하기 위해서는 두 가지 방법이 있다. 먼저

『경영의 황금률』을 적용하여 타인보다는 자신에게 더 엄격한 기준을 적용하는 것이다. 둘째는 팀원들을 대할 때 항상 일관성 있고 공정하게 대하려고 각별히 신경 쓰는 것이다.

### 비현실적인 데드 라인을 설정하지 말라

나는 개인적으로 이른바 "융통성 있는 데드 라인(혹은 마감일)"마저도 반대한다. 내가 속한 컴퓨터 소프트웨어 분야의 경험을 통해 생각해 보아도 마찬가지다. 내 경험에 의하면 데드 라인이 빠듯하면 의욕이 떨어진다. 데드 라인이 비현실적일 때에는 아예 의욕 자체가 사라져 버린다. 연구 결과를 보아도 스스로 빠듯하게 데드 라인을 설정해 두면 의욕을 상실한다고 한다.

### 신중하게 팀의 목표와 보상 계획을 세워라

목표와 보상들은 특정한 형태의 행동을 하도록 동기를 부여한다. 목표와 보상을 잘 선택하면 매우 효과적으로 활용할 수 있다. 그러나 팀원들이 팀장이 설정한 목표와 보상에만 집중한 채, 그 밖의 것에는 신경을 쓰지 않는 경우가 더러 있다. 어떤 팀장들은 팀원들에게 동기를 부여한다는 의도로 목표와 보상 계획을 수없이 세운다. 그러나 그런 목표와 보상 계획의 설정은 매우 조잡한 수법이며, 팀 전체의 이익과 부합되지 않는 문제를 초래할 수 있다는 사실을 기억해야 한다.

실제 예를 통해서 설명할 수 있다. 흔히 판매원들에게는 매출을 통해 동기를 부여하는 경우가 많다. 그러나 이 경우 판매원들은 실제로 판매 가능한 최고의 가격으로 물건을 팔지 않는다. 따라서 판매에 따른 적정한 수익을 유지하려면 판매원들이 실제로 판매하는 가격에 따라서 보상하는 체계가 필요하다.

### 실제로 알고 있는 것 이상으로 아는 체 하지 마라

어떤 팀장들은 자신이 뭔가를 모른다는 사실을 감추고 싶어한다. 그러나 팀장으로서 모르는 것을 솔직히 인정하고 정보를 요구하면, 팀원들은 당신을 더 존경하게 될 것이다. 바보 같은 질문을 한다는 것은 자신이 곧 바보가 아니라는 증거이다.

### 팀 내의 힘 겨루기를 수수방관하지 마라

사무실 내의 힘 겨루기, 또 여기에 집착하는 시야는

좁으면서 야망이 큰 사람들은 좋은 팀 문화를 쉽게 무너뜨릴 수 있다. 팀 내에서 힘 겨루기가 나타날 조짐이 보이면 재빨리 차단하는 것이 좋다. 누군가가 힘 겨루기를 하고 있음을 확실하게 파악할 수 있는 증거는, 그 직원이 분명하고 솔직하지 않은 행동들을 보이기 시작한다는 점이다. 어떤 사람의 행동에 대한 동기를 파악할 수 없다면 그 사람이 몰래 무슨 일을 하는지 알아보는 것도 좋다.

## 진정한 권한 위임은 믿고 맡기는 것이다

권한을 부여한다는 말은 너무 오용되어 온 측면이 있다. 당연히 권한을 부여한 상황에서 업무 성과가 기대보다 덜 만족스럽게 나와도 괜찮은지를 미리 고려해야 한다. 또 위임한 업무의 진행 상황을 어떻게 점검할 것이며, 업무를 맡은 직원을 어떻게 관리할지도 고려해야 한다. 업무를 위임하고 한참이 지난 후에 갑자기 걱정에 휩싸여 뒤늦게 상세한 보고 절차를 만드는 경우가 의외로 많다. 그러나 대부분의 사람들은 실수를 통해서만 배울 수 있다. 이 때문에 직원들에게 자신의 업무에 대한 책임까지 권한을 위임해야 한다. 단, 실수를 하더라도 팀장인 당신에게 타격이 큰 업무인지 미리 확인해 두어야 한다.

진정한 권한 위임이란, 업무를 위임받은 사람이 당신과 완전히 다른 방식으로 일을 하더라도 개입하거나 간섭하지 않는 것이다. 업무를 위임받은 직원의 방식에 문제가 있어 보이면 거기에 잠재된 위험들을 알려주고 싶을 것이다. 그러나 권한을 위임받으면 업무를 처리하는 방식도 그 사람의 선택에 달려있는 것이다.

### 믿음을 얻기 전에 먼저 믿어 주어야 한다

믿음은 최종적인 결과와 관련되어 있다. 사람은 누구나 경험부족에서 오는 실수를 극복하면서 자신의 능력과 노하우를 쌓는다. 같은 실수를 되풀이하지 않는 한 팀장인 당신은 그런 실수들을 관대하게 받아들여야 한다. 이는 곧 "아직 당신의 신뢰를 얻지 못한 사람들을 믿어야 한다"는 것을 의미한다. 믿지 않으면 신뢰할만한 사람으로 성장하지 못한다.

### 회의에 참석하지 말아야 할 때를 알아야 한다

이것 역시도 권한 위임에 관련된 사항이다. 상사로서

팀장들은 종종 '팀원들에게 위임한 업무'와 관련된 회의에 참여한다. 이때에는 팀장이 참여하고 있다는 사실 하나만으로도 회의의 성격이 확연히 달라진다. 사람들은 자연스럽게 팀장에게 리더십을 요구하게 되기 때문이다. 결과적으로 팀장이 회의에 참여함으로써 권한을 위임받은 직원의 권한이 크게 훼손될 수 있다.

### 강력하고 신속하게 대응해야 한다

직원의 문제에 얼마나 빠르고 단호하게 대처해야 하는지에 대해서는 일반적으로 과소평가하기 쉽다. 성희롱, 차별 그리고 건강과 안전에 관한 문제에 신속하게 대응해야 한다는 사실은 누구나 다 잘 알고 있다. 그러나 기대 이하의 성과나 팀원들의 사기 저하, 업무 정체와 같은 문제들도 급속도로 악화된다는 사실을 느끼고도 미온적인 반응를 보이는 경우가 많다. 모든 것에 너무 과민반응을 한 나머지 당황하며 허둥지둥한다는 인상을 주지 않는다면, 예민하게 반응한다고 해서 해가 되는 경우는 거의 없다. 오히려 너무 미온적인 대응이 더 나쁜 결과를 초래할 수도 있다.

## 무관심도 때로는 매우 유용한 기술이 될 수 있다

앞에서 특정한 문제에 대해 강력하고 신속하게 반응해야 할 필요가 있다고 강조했다. 그러나 놀랍게도 그 반대의 기술도 매우 유용하다. 예를 들어 사람들이 너무 감정적일 경우에는 오히려 무덤덤하게 행동하는 것도 좋은 방법이다. 팀장들은 대개 행동지향적인 사람들이 많기 때문에 문제를 그냥 내버려두고 저절로 해결되기를 기다리지 않는다. 불행하게도 신속하게 반응해야 할 문제들과 점잖게 무시하는 것이 최선인 문제들을 분명하게 구별할 수 있는 마법과도 같은 방법은 존재하지 않는다. 이는 경험을 통해서 배울 수밖에 없다.

## 매사에 즐겁게 행동하는 것도 결코 나쁘지 않다

팀원들과의 인간관계에 있어서 비형식적이고 유머스러운 면을 포함시킬 수 있다면 그들을 다루기가 훨씬 더 수월해진다. 그러려면 여유를 가지려고 항상 의식적으로 노력해야 한다. 필자는 부하 직원들에게 강요하거나 까다롭게 군다는 것이 얼마나 힘든 일인지를 잘 알고 있다.

요즘 대부분의 직장들이 직원들에게 가하는 압력이

즐기며 일하라!

너무 높다. 팀장도 과로와 스트레스로 고통을 받는다. 일에서 흥미를 잃어버리기가 너무 쉬운 시대인 것이다. 이럴 때일수록 직장 생활은 월급 봉투 이상의 의미가 있어야 한다. 그런 점을 잘 기억하고 여유를 갖는 것이 좋다. 직장 생활은 월급 봉투 이상이라는 말이 나온 김에 다음과 같은 충고도 강조하고 싶다.

### 직장과 가정생활은 확실히 구별하라

직장과 가정의 경계를 구분하는 데에는 정답이 없다. 그러나 점점 가정과 사회생활에 써야 할 시간까지도 직장에 빼앗기고 있는 상황이다. 그래도 직장과 가정생활 사이에 임의의 선을 긋고 가능한 한 그 경계선을 지키라고 충고하고 싶다.

직장과 가정생활 사이의 경계를 그을 때 팀의 일부 직원들이 불편할 수 있는 기준을 마련해야 할 경우도 있다. 『경영의 황금률』에 따르면 팀원들도 팀장과 유사한 선을 정하기 때문이다. 이때 모두에게 각자의 상황을 잘 고려하여 경계선을 그어야 한다는 점을 분명하게 밝혀야 한다. 그리고 합리적인 범위 내에서라면 각자의 결정을 존중할 것이며, 과도하게 벗어난 출퇴근시간을 강요하는 등 각자의 결정을 무효화할 생각이 없다는 것을 알려줘야 한다. 강력한 팀 문화에서 단점이 있다면, 그것은 바로 사람들이 불편하게 느끼는 것들도 강제로 하도록 한다는 것이다. 이런 문화의 가장 흔한 예로는 야근 문화를 들 수 있다.

## 성과 관련된 것에 주의하라

성과 권력 간에는 밀접한 관계가 있는 것으로 인정된다. 따라서 팀장과 이성 직원들 간에는 위험한 성적인 문제가 잠재되어 있다. 그러므로 다음의 규칙을 엄격하게 따르라고 충고하고 싶다.

- 어떤 성적인 농담도 주고받아서는 안 된다.
- 지나치듯 가볍게 만져서도 안 된다.
- 이성 직원을 훈계할 때에는 항상 증인을 대동해야 한다.
- 이성 직원과는 밤늦게 1 : 1 모임을 갖지 마라.

이런 충고는 성희롱이 빈발하는 나라의 관점에서 쓰여진 것이다. 독자들은 각각의 일반적인 상황에 맞게 위의 충고를 적용하면 된다. 대부분의 국가에서 성희롱은 엄단되고 있음을 명심해야 한다.

### 성희롱과 차별에 관한 한
### 절대로 용인하지 않겠다는 자세를 취하라

현재 많은 국가들이 성, 인종 그리고 장애와 같은 문제에 대해 매우 엄격하게 반차별을 위한 법률들을 제정하고 있다. 어떤 국가에서는 성희롱이나 차별에 대한 직원들의 소송이 성장 산업으로 자리를 잡아가고 있을 정도이다. 팀장인 당신 자신이나 팀 구성원에 대한, 또는 팀 구성원에 의한 성희롱, 차별은 무조건 엄격히 규정에 따라 대처해야 한다. 성희롱과 차별 사건이 일어나면 상

사와 인사부에 알린 다음, 규정을 따르는 것이 최선이
다.

리더로서 본보기를 보여주고 또 자신을 보호하려면
다음과 같은 사항도 지켜야 한다.


◆ 성과 인종 등의 민감한 문제에 대해서는 거의 모든 의
  견과 농담을 허용하지 않는다.
◆ 팀 구성원이 이런 주제에 대해 의견을 제시하거나 농
  담을 할 경우 즉각 비판하라.

# Summary

1장에서는 다른 어느 장보다도 훌륭한 팀장이 되는데 도움이 되는 기술들을 수록했다. 대부분의 내용은 쉽게 이해가 갈 것이다. 다시 한 번 생각해야 할 사항은 다음과 같다.

팀원들을 관리하는 데에는 적지 않은 어려움이 있다. 특히 기대 이하의 성과를 내는 직원을 다루는 문제가 그렇다. 이런 문제들을 처리할 수 있는 유일한 방법은 엄격하지만 공정한 자세를 취하는 것이다. 또 예의를 갖고 사람들을 존중하되 팀원들에 대한 기대 수준은 높아야 한다.

팀장이 핵심 직원들을 관리하는 데 들이는 많은 시간들은 충분히 가치가 있다.

적절한 인재를 적절한 자리에 배치하는 것이 팀원들의 능력을 향상시키는 최선의 방법이다.

나쁜 소식은 해당 직원에게 직접 전달하라.

팀원들이 부담없이 질문할 수 있도록 공식적, 비공식적인 경로를 모두 열어 놓는다.

반드시 명심하라! 칭찬은 팀원들 전부에게, 비난은 전부 팀장인 당신에게 돌아가야 한다.

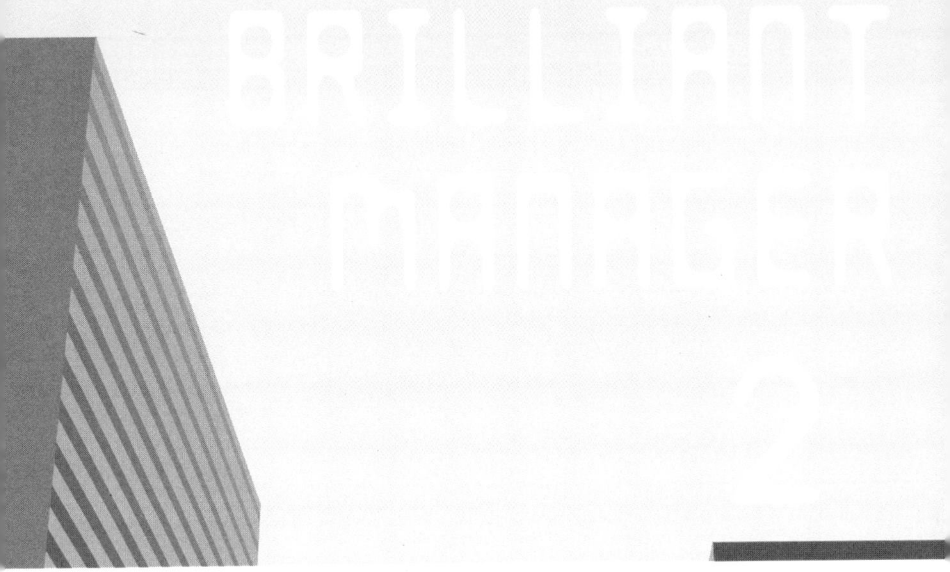

# BRILLIANT MANAGER

# 2

## 리더십

이 책을 집필하면서 '리더십'에 관한 이 장이 가장 힘들었다. 리더십이란 무엇이며, 왜 그토록 우리를 두렵게 하는 것일까?

리더십이 두려운 것에는 여러 가지 이유가 있다.

◆ 리더로서 당신은 팀의 생존을 이끌어갈 책임이 있다.

◆ 종종 자신보다 나이가 많고 경험도 많은 사람을 이끌어야 할 경우도 발생한다.

◆ 권위와 처벌을 행사하는 것에 많은 사람들이 불편하
게 생각한다.

이번 장에서는 리더십에 대해 우리가 잘못 알고 있는
통념들을 깨고, 리더십에 대한 유용하고도 실질적인 기
술들을 제시할 것이다. 그렇게 함으로써 리더십에 대한
두려움을 조금이나마 없애보도록 하겠다.


## 리더십이란 무엇인가

쉽게 말하면 리더는 팀의 방향과 목표를 설정하고 팀
이 목표를 향해 나아가도록 이끌어간다. 이렇게 하기
위해 리더는 미래에 대한 비전을 창조하고, 팀의 존경
과 신뢰를 얻어 팀 구성원들이 리더를 기꺼이 따를 수
있도록 해야 한다.
비전은 창조적인 것이다. 하지만 당신이 이끌어갈 비
즈니스의 기본을 먼저 이해한 다음 비전을 세워야 한
다. 당신 팀의 고객은 누구인가? 당신의 팀은 고객이 가치를 느끼는 것 중에서 무엇을 할 수 있는가? 당신의 조직과 고객은 어떤 방법으로 팀의 성과를 측정하는가?

존경은 일을 제대로 완수해낼 때 얻을 수 있다. 행동은 말보다 강하고, 업무의 성과는 행동보다 강하다. 사람들은 리더의 능력과 프로 정신을 존경한다.

신뢰는 정직함과 솔직함 그리고 언행의 일치를 바탕으로 쌓인다. 또 어려운 문제에도 기꺼이 맞서는 자세를 보여줄 때 나온다.

분명히 리더는 여러 가지 다양한 역할들을 수행해야 한다. 리더는 어려운 결정을 내리는 사람이며, 팀 내에서 하나의 문화를 창조해내는 사람이기도 하고, 팀원들의 복지와 행복도 살펴야 한다. 리더는 팀과 조직 사이의 연결고리 역할을 하며 고객에게는 팀의 얼굴과도 같은 존재이다. 이 책에서는 이 모든 리더십의 역할들을 다루고 있다.

이 장에서는 팀장의 행동이 리더로서의 역할에 어떤 영향을 미치는지 살펴보겠다. 동시에 리더십에 관한 흔한 오해들을 지적하며, 리더가 자주 저지르는 실수와 더 훌륭한 리더가 되도록 도움을 줄만한 기술들을 제시하겠다.

## 리더십을 은행 계좌처럼 사용하라

아마 지금쯤 대부분의 독자들은 비전을 창조하고 직원들의 존경과 신뢰를 얻어야 한다는 생각에 슬슬 걱정이 될 것이다. 그러나 위에서 설명한 기준을 모두 충족할 수 있는 사람이 정말로 있을까? 물론 없다. 뛰어난 팀장들도 항상 완벽하지는 않기 때문이다.

리더십을 생각할 때 이렇게 생각하면 우선 마음이 편해진다. 즉, 어떤 업무를 제대로 수행하고 팀의 신용을 얻어 그것을 은행 계좌에 넣어두면, 나중에 다시 꺼내 쓸 수 있는 것으로 생각하면 된다. 그러나 불행하게도 입금액(잘 한 일)보다 인출액(저지른 실수)이 더 많을 때는 부도가 날 수밖에 없다.


## 리더십에 대한 통념 깨기

리더십에 대한 흔한 오해들 중에서 하나가, 리더는 "리더다워 보여야 한다"는 것이다. 리더는 마치 만화 속의 영웅처럼 각진 턱과 흔들리지 않는 눈빛, 강인한 악수를 해야 한다고 생각하지만 이는 말도 안 된다. 『경영의 황금률』에 따르면 리더십은 외모가 아니라 어떻게 행동하느냐에 달려 있다.

카리스마 넘치는 리더들은 팀을 처음 이끌 때는 유리할 수 있다. 그러나 이런 사람들은 다음과 같은 경향도 갖고 있다.

◆ 카리스마 리더는 이른바 '개인 숭배'를 조장하는 경향이 있다. 그래서 이들이 이끄는 팀은 리더에게 지나치게 의존적이다. 그러면서 리더가 떠났을 때를 대비한 준비는 전혀 하지 않는다.

◆ 카리스마 리더는 역할 분담에 서투른 경우가 많다.

◆ 카리스마 리더는 남의 말을 잘 듣지 않는다. 이들은 들어주기보다는 항상 자기 말만 한다.

◆ 카리스마 리더는 종종 자각 능력이 부족하여 자신의 한계를 제대로 파악하지 못한다.

◆ 카리스마 리더는 문제를 해결할 때 종종 저명인에게 의존한다. 그래서 문제를 일으키지 않으려고 주의하는 경향이 부족하다.

◆ 카리스마 리더는 워커 홀릭(일 중독자)인 경우가 많으며, 결과적으로 너무 지쳐서 잦은 실수를 저지른다.

리더십에 관한 흔한 오해 중의 두 번째는, 조직이 리더에게 부여한 권위에 의존해야 한다는 것이다. 물론 상사로서 부하 직원들에게 명령을 내릴 수도 있지만, 리더로서 직접적인 명령을 내리는 수가 적으면 적을수록 좋다. 만약 일을 제대로 하고 있다면 팀원들은 팀장인 당신을 기꺼이 따를 것이다.

권위주의적인 리더들이 흔히 갖는 결점은 자신의 권위를 손상할 가능성이 있는 일을 절대로 하지 못하게 행동한다는 점이다. 전형적인 예들은 다음과 같다.

◆ 팀의 충고를 들으려 하지 않는다.

◆ 잘못 되었을 때에도 생각을 바꾸지 않는다.

◆ 권력을 분산시키지 않기 위해 다른 직원에게 권한을 위임하려 하지 않고, 권한을 가진 직원이 있을 경우 끊임없이 깎아 내린다.

◆ 자신에게 위협이 되지 않도록 능력이 뛰어나지 않은 직원들을 채용한다.

◆ 자신의 권한이 위협받지 않도록 두려움을 조성하고, 불확실한 것에 대해 끊임없이 의심하며, 사람들을 이간질하여 갈라놓는 수법을 이용한다.

이외에도 리더에 관한 오해와 그들의 잘못된 행동은 많을 것이다. 여러분 스스로 그 목록을 만들어 보기 바란다.

권위주의적인 팀장이 이 책을 읽을 가능성은 희박하지만, 그래도 이런 유형을 마음 속으로 한번 그려볼 만한 가치는 있다. 누구나 자신의 권위가 위협받을까봐 두려운 마음을 갖고 있는 것은 사실이다. 권위적인 팀장에게는 유난히 뛰어난 취업 지망생을 채용하지 말라거나, 잘못된 판단을 고치지 말라는 음흉한 목소리가 들리는 것이다.

위와 같이 잘못된 판단을 고치지 않으려는 경향을 더 자세히 들여다보자. '경영 패러독스'가 좋은 예이다. 패러독스는 우리가 흔히 접할 수 있는 상황으로, 두 요소가 갈등 상황에 놓일 때를 일컫는다. 위에서 묘사한 상황을 설명하자면, 나쁜 판단이나 선택은 고치는 것이 바람직하지만, 팀원들의 사기를 유지하기 위해서는 팀장이 일관성과 안정성도 유지해야 한다. 이런 역설을 해결하려면 경영전략의 기본 원칙을 어느 정도 일관성 있게 유지하되, 그 밖의 다른 전략들은 융통성 있게 적용하는 것이다.

## 리더의 성격과 팀의 문화

앞에서 카리스마 리더들이 개인 숭배를 조장할 위험이 있다고 언급했다. 그러나 이것의 효과는 카리스마적인 소유자들에게만 국한되지 않는다. 『경영의 황금률』에 따르면, 어떤 결과는 팀장의 개성이 팀 문화에 영향을 미쳐 그 일부가 된다는 것이다.

팀장이 매우 경쟁적일 때, 팀도 마찬가지로 경쟁적일 확률이 높다. 팀장이 관대한 성격을 갖고 있으면 팀 역시도 관대한 자세를 취하는 경향이 있다. 친절한 성격의 팀장이 이끄는 팀은 역시 친절한 문화를 내세우며, 팀장이 남을 괴롭히는 유형이면 팀 문화도 그렇게 형성된다. 이는 곧 팀장의 단점이 팀 전체의 단점이 될 확률이 높다는 것을 의미한다. 한마디로 섬뜩한 일이다. 이 문제를 해결하는 데에는 두 가지 방법이 있다.

### ›› 의도적으로라도 노력해라

사람의 행동 양식은 타고났다기보다는 대부분 후천적으로 길러진다. 물론 대부분의 성격 형성은 어릴 때 이루어진다. 하지만 나이가 들었다고 해서 새로운 행동 양식을 배우지 말라는 법은 없다. 예를 들어, 돈을 매우 꼼꼼하게 관리하는 편이라 해도 사교 모임에서 의도적으로라도 남에게 술을 사주는데 돈을 더 쓰는 습관을 익힐 수 있는 것이다.

이 책에서 제안하는 사항들은 대부분 의도적으로 노력하기만 하면 쉽게 습관화할 수 있는 것들이다. 예를 들어 고객지원 팀원들에게 친절하게 대하라고 말할 생각이라면, 먼저 그들에게 예의바르게 행동하면 될 것이다.

이때 두 가지의 중요한 문제가 있다. 첫째는 팀원들이 팀장의 연기를 알아차리지 않을까 하는 점이다. 둘째는 성격의 근본적인 특징들을 바꿀 수 있느냐이다. 차례대로 설명하겠다.

첫째, 물론 팀원들은 팀장의 연기를 알아차릴 수도 있을 것이다. 그러나 이에 대해 비난하기보다는 오히려 감탄하고 존경할 것이다. 팀장이 자신의 몸가짐을 잘 하려는 노력의 일환으로 볼 확률이 높다는 것이다. 더 놀라운 점은 처음에는 연기가 형편없다 하여도 시간이 지나고 되풀이하면 할수록 실력이 향상된다는 점이다. 그 결과 어느 순간에는 더 이상 연기가 필요하지 않는 날이 온다.

둘째, 개성은 당신의 행동 양식에 세세하게 작용한다. 그래서 당신의 개성이 기본적인 관점에 개입하면 행동에 적용하기가 어려워진다. 따라서 극단적으로 경쟁적인 성격의 소유자라면 그런 면을 바꾸기가 힘들겠지만 경쟁적인 성향을 어느 정도는 누그러뜨릴 수 있을 것이다. 일단 개성 중에서도 바람직하지 않은 성향을 인식하는 깃이 문제 해결의 반이나.

### ⟫⟫약점이 있는 영역은 다른 사람에게 위임하라

어떤 중요한 영역에서 팀장의 능력에 한계가 있다고 가정해 보자. 예를 들어 미래에 대한 비전을 제시하지 못한다거나, 인간관계를 다루는 능력이 부족해서 팀원들의 문제에 대처하지 못하는 경우가 있을 것이다. 물론 리더는 모든 영역에서 발생하는 문제를 해결하기 위해 준비되어 있어야 한다. 그러나 이는 리더가 반드시 모든 문제를 직접 해결해야 한다는 것을 의미하지는 않는다. 이런 경우에는 자신에게 부족한 영역에 대해 재능이 있는 팀원의 지원을 받거나, 아예 공식적으로 그 역할을 팀원에게 위임하는 것이 좋다. 이는 유능한 리더는 팀을 잘 조직한다는 것과 일맥상통하는 좋은 예이다.

## 팀을 조직할 때

유능한 리더는 팀이 효율적으로 기능할 수 있도록 팀을 조직한다. 먼저 몇 가지 핵심 사항을 짚고 넘어가자.

### 올바른 사람을 신뢰하도록 하라

리더로서 활용할 수 있는 가장 쉬운 기술은 팀원들이

누구를 존경하고 따르는지 관찰하는 것이다. 팀원의 존경을 받는 사람은 신뢰할 만하다.

### 적절하게 권한을 위임하라

권한 위임은 리더가 직면하는 가장 어려운 문제 중 하나이다. 우선 권한을 위임했을 때 어떤 제한을 둘 것인지 사전에 잘 고려하는 것이 중요하다. 일단 권한을 위임했다면, 팀원들이 권한을 행사할 때 팀장의 간섭을 최대한 받지 않도록 하는 것이 이상적이다. 그러나 실수를 저질렀을 때 궁극적으로 팀원이 아닌 팀장이 책임을 져야 한다는 사실은 기억해야 한다. 만약 팀원을 질책해야 하는 상황이라면 당신의 상사가 질책하도록 내버려두지 말고, 반드시 팀장인 당신이 질책해야 한다. 문제 해결의 책임이 팀장인 당신에게 있다는 사실을 상사도 알아야 하기 때문이다.

중요한 것은 큰 문제가 발생하기 전에 조치를 취할 수 있도록 팀장이 팀원들을 통솔할 수 있어야 한다. 그러나 동시에 딱딱한 관료제를 적용하지 않도록 주의해야 한다. 팀원들은 실수를 통해서 배우기도 하지만 팀장은 경험이 부족한 그들을 적절한 충고로서 지원할 수 있어야 한다. 또한 팀원들이 팀장의 방식과는 다른 방식으로 일을 하더라도 내버려 둘 수 있어야 한다. 이렇게 팀장이 권한을 위임한다는 것은 매우 어려운 일이라는 것을 알아야 한다.

## 핵심 직원을 발굴하라

어느 팀이든 믿고 일을 맡길 수 있는 직원은 많지 않다. 또 어려운 문제를 제시했을 때 반드시 해결할 것이라는 믿음을 주는 직원도 많지 않다. 고객에게 항상 좋은 인상을 심어주는 직원 역시 많지 않다. 그럼에도 불구하고 적절한 인재를 적소에 배치하는 것이 효율적인 조직을 구축하는 열쇠가 된다.

## 관리 방식은 라이트급으로

훌륭한 리더는 최소한의 관리 간섭만으로도 조직이 제 기능을 하게 만든다. 대부분의 팀장들은 실수가 발생했을 때 이 실수가 다시 발생하지 않도록 새로운 절차를 만들어야 한다는 생각에 사로잡힌다. 그 결과 관료제가 점점 확대되는 경향이 매우 자연스럽게 생겨난다. 하지만 최소한의 행정적인 간섭 속에서 일을 할 수 있도록 환경을 조성해야 한다. 동시에 하나의 실수가 더 심각한 문제로 확대되기 전에 발견해 내는 구조적인 장치를 마련해야 한다.

## 젊은 리더들이 겪는 문제점

대부분의 젊은 리더들은 자신보다 나이가 많고 경험이 풍부한 직원들을 이끌어 가는 데 어려움을 겪는다. 하지만 그들은 팀장이 우려하는 것에 비하면 실제로 큰 걱정을 하지 않는다. 이런 직원들은 경험이 있다고 해서 의도적으로 팀장을 난처하게 만들거나, 평가절하하려고 하지 않는다. 다음의 몇 가지 간단한 규칙만 지키면 된다.

### 팀원들의 경험을 살려라

경험이 많은 직원들은 팀장이 의견을 물어주기를 기대한다. 반면 이런 직원들은 팀장이 자신과 의논하지 않을 경우, 그 팀장을 오만하다고 생각한다. 궁극적으로는 팀장이 결정권을 갖고 있지만, 사안에 대해 잘 아는 상태에서 결정을 내리는 것이 중요하다. 또한 팀이 갖고 있는 경험을 최대한 살릴 수 있도록 팀을 조직할 수 있어야 한다.

### 즉흥적으로 결정해서는 안 된다

새로운 팀을 맡았을 때에는 무작정 변화를 일으키려고 해서는 안 된다. 그러기 전에 먼저 그 팀에 대해 그리고 팀의 비즈니스와 내력에 대해 알아보는 시간을 갖는 것이 좋다.

### 경험이 많은 직원을 비판할 때에는 주의하라

경험이 많은 직원의 부족한 점을 지적할 때에는 사실과 근거를 정확히 알고 있다는 점을 보여주어야 한다. 그렇지 않으면 최악의 상황으로 돌변할 가능성이 높다. 팀원들을 존중하고 그들의 경험을 활용하면서 문제의 원인을 찾으려 한다면, 팀원들도 팀장을 도와줄 것이다.

# 앞으로 나아가야 할 때와 그 방법

다양한 상황마다 다양한 리더십 스타일이 필요하다. 예를 들어, 계속 실패하는 팀을 변화시키기 위한 접근 방식과 성공적인 팀을 더 강화하기 위한 접근 방식은 다르다. 이는 성장하지도 않고 퇴보하지도 않는 팀을 다루는 방식과는 또 다르다. 따라서 팀이 다른 단계로 변화를 모색할 때에는 많은 주의가 필요하다. 최소한 리더십 스타일을 바꿔야 하거나, 어떤 경우 리더의 자리에서 물러나 다른 사람에게 그 위치를 넘겨줘야 할 경우도 있기 때문이다.

"최고의 리더는 리더 자신에게 지나치게 의존적이지 않은 조직을 구축한다. 그리고 적절한 시점에서 새로운 리더의 제제로 변화할 수 있는 후계 구도를 구상해 둔다."

# 알고, 행동하고, 말하라

이 책은 유능한 리더 그리고 유능한 팀장이 되는 법에 관한 책이다. 이번 섹션에서는 리더로서의 이미지를 개선하고자 할 때 간과할 수 있는 기술들을 강조하고, 리더로서의 평판에 손상을 줄 수 있는 실수들을 들려준다.

## 모범을 보여라

대부분의 팀장들은 팀장이 되기 전까지 현재 자신이 거느리고 있는 팀원들의 역할을 경험한 사람들이다. 따라서 비록 팀장의 전문 분야가 팀의 비즈니스 영역과 다르다 해도 발표든, 조직 구성이든, 비즈니스든 분명 팀에 기여할 기술을 갖고 있다. 팀과 함께 일하면서 고객이 원하는 상품을 건네주다 보면 단순히 팀의 상사로만 일했을 때는 보지 못했던 관점을 접하게 된다. 그렇게 함으로써 팀원들의 존경도 받는다.

## 팀장은 사소하고 시시한 일거리와는
## 별개라고 생각하지 마라

복사, 커피 타기 등 사소한 일도 기꺼이 하려는 자세는 팀장의 권위를 약화시키기는커녕 오히려 강화시켜준다.

### 칭찬은 전부 팀원들에게, 비난은 전부 팀장에게

불공평하게 느껴질지 모르지만 이는 게임의 규칙이다. 다시 한 번 반복하자면, 자신보다 높은 직위의 상사들이 팀원들을 직접 다그치도록 내버려둬서는 안 된다. 반드시 팀장인 당신에게 화를 내도록 해야 한다. 당연히 상황의 정리도 팀장인 당신이 하겠다고 고집해야 한다. 만약 팀원을 처벌해야 할 경우가 생기더라도 팀장이 직접 나서야 한다. 팀 외부의 회사 및 조직과 대면하는데 있어서 팀원들은 팀장이 자신들을 지지해 줄 것이라고 믿어야 하기 때문이다.

### 이기적인 행동이 신뢰를 파괴한다

앞에서 칭찬은 전부 팀에게 돌리라는 지적은 일반적인 핵심 사항을 말한 경우이다. 만약 팀장이 자신의 고과를 위한 실적을 최우선으로 한다는 사실을 팀이 알게 된다면, 팀원들은 절대로 팀장인 당신을 믿으려 하지 않을 것이다. 만약 당신이 좋은 리더로서 장기간 조직에 도움이 되는 사람이 되려고 열망한다면, 자연스럽게 그렇게 될 수 있도록 이기적인 행동은 하지 않아야 한다.

### 실수를 인정할 줄 알고, 필요할 때는 반드시 사과하라

많은 팀장들은 체면 때문에 자신의 실수를 덮으려고 한다. 그러나 오히려 실수를 깨끗이 인정하고 사과하면, 더 좋은 평판과 함께 팀원들에게 더 많은 신뢰를 얻게 될 것이다.

### 팀원들에게 정직하게 대하고 솔직하게 말하라

중요한 말을 하지 않음으로써 상대가 실제와 전혀 다른 의미로 받아들이게 만들고 싶은 유혹에 빠질 수 있다. 그러나 팀원들의 존경을 받으려면 솔직하게 말하는 편이 훨씬 더 효과적이고 덜 복잡하다. 그런가하면 정치인처럼 문제를 회피하고 싶은 유혹도 받을 것이다. 당신은 정치인들을 믿는가? 아마 아닐 것이다.

팀원들이 유일하게 팀장의 솔직하지 않은 모습을 묵

인하는 경우는 회사의 노선을 방어해야 할 때이다. 그런데 팀장이 회사의 노선을 얼마나 지지하느냐는 팀장의 개성에 달려 있다.

### 팀원들이 팀장을 좋아하게 만들려고 하지 마라

좋아하는 것과 존경하는 것은 엄연히 다르며 이 둘을 구분할 수 있어야 한다. 팀장은 반드시 팀원들의 존경을 받아야 하지만, 직원들이 팀장을 좋아하느냐 마느냐는 크게 중요하지 않다. 인기를 얻으려고 애를 쓰는 것은 팀원들에게 존경 받지 못하는 리더가 되는 지름길이다.

### 팀원들 틈에 억지로 끼려고 하지 마라

리더는 고독하다는 뻔한 말은 안타깝게도 어느 정도 사실에 근거를 두고 있다. 리더는 완전히 팀의 일부가 될 수 없으며, 사교적인 모임에서도 팀원들은 당신이 팀장이라는 사실을 완전히 잊어버리지 않는다. 다시 말하면 리더가 반드시 참가해야 할 사회적인 모임들도 있지만, 대부분의 경우 임의적인 사교 모임에는 초대를 받아도 거절하는 편이 좋다. 부하 직원들이 상사가 정말로 와 주었으면 하고 바라는 경우가 얼마나 되겠는가. 설사

초대를 받지 못했더라도 결코 기분 나쁘게 생각할 필요
는 없다.


## 어떤 방식으로든 남을 괴롭히지 마라

남을 괴롭히는 것은 매우 나쁜 습관이라고 설명할 필
요도 없다. 그러나 다음과 같은 경우도 주의해야 한다는
것을 기억해야 한다.


◆ 사람들이 말하고 있는 데 듣지도 않고 자기 할 말만 하는
  것.
◆ 자주 짜증을 내는 것.
◆ 경우에 맞지 않는 출퇴근 시간을 강요하는 것.
◆ 비현실적인 기대를 하는 것(예를 들어 심각한 문제가 발
  생했을 때, 다른 사람들의 스케줄을 완전히 변경하려고
  하는 것).
◆ 남을 존중하지 않는 태도를 보이는 것.
◆ 예의를 지키지 않는 것.


## 항상 팀원들의 눈에 띄는 곳에 있어라

항상 팀원들의 시야에 보이지 않는다면 좋은 리더가

될 수 없다. 따라서 팀과 떨어져서 너무 많은 시간을 지내지 않도록 주의해야 한다. 그러다 보면 사무실 밖에서 열리는 모임에 참가하라는 초대를 받아도 거절해야 할 경우가 많아질 것이다. 사무실 안에 있을 때에는 팀원들과 1 : 1로 대면하면서 충분히 대화를 나누도록 한다. 즉흥적인 질문에 항상 대답할 수 있도록 팀과 함께 가끔은 커피를 마시거나, 식사를 같이 하는 등 피하지 않는 것이 좋다.

### 미래에 대한 비전을 확실하게 전달하라

팀장 혼자서 미래에 대한 비전을 갖는 것은 바람직하지 않다. 팀이 그 비전을 믿고 지지해 주어야 한다. 단지 종이에 적어놓은 내용을 팀원들에게 돌리는 것으로는 부족하다. 비전 창조에 팀을 참여하게 하여 팀원들의 결정이 비전에 영향을 미친다는 사실을 보여 주어야 한다.

### 절대 자신이 하지 않거나 할 수 없는 일을 쉽다고 암시해서는 안 된다

팀장이 팀원들을 존중하지 않으면 팀원들도 팀장을 존중하지 않는다. 만약 지금 이 책을 읽으면서 자신이 당연히 팀원들을 존중하고 있다고 생각한다면, 다음과 같은 말을 해본 적이 없는지 되돌아보는 것이 좋다.

"그냥 이렇게 하면 되지 않을까?"
"아마 끝내는데 시간이 그리 많이 걸리지 않을 거예요."
"당신이 해줬으면 하는 쉬운 일이 하나 있는데…"
"세세한 것까지 내게 말할 필요는 없고…."
"그냥 조금만 바꾸면 되는데 뭐가 문제예요?"
"이렇게 하면 당신 문제가 다 해결될텐데…"
"새로 온 직원에게 하라고 하면 돼요."
"그건 집에서 내 컴퓨터로도 할 수 있겠다."
"괜히 문제만 제기하지 말고… 문제가 아니라 해결 방법이 필요해!"

### 리더는 분명하고 확실히 행동해야 한다

리더로서 해야 할 일 중 하나는 바로 어려운 결정을 내리는 것이다. 또 어려운 질문을 던지면서 문제를 적극적으로 찾아내는 것도 리더의 일이다. 중간지대를 찾으려고 노력하거나 너무 신중하게 반응하는 등, 언뜻 보기에는 적절해 보이는 방식들도 대부분은 불가피한 상황을 조금 늦추는 것에 불과하다. 그래서 중간에서 이리저리 휩쓸리지 않으려면 상황을 잘 파악하고 있어야 한다.

내 경험에 의하면 과민반응을 보일 때보다 지나치게 미온적인 반응을 보일 때 실수할 확률이 높다. 팀은 어려운 상황에서 리더가 분명하고 확실한 행동을 할 때 잘 따라 준다.

또 리더는 직원들이 각자의 능력을 키울 수 있도록 한 발 물러설 줄 알아야 한다. 만약 팀장이 팀원을 믿지 않으면, 그들도 팀장을 결코 믿지 않을 것이다.

### 일관성 있고 예측 가능한 모습은 신뢰를 쌓는다

당연한 말 같지만, 너무도 중요하기 때문에 여기에 포함시켰다. 예측 가능한 사람이 될 수 있는 가장 확실한 방법은 기본 원칙들을 정하고 이 원칙에 기초해 행동하는 것이다. 이런 방식은 강한 팀 문화를 형성하는 데도 도움이 된다.

리더십은 리더가 팀이 앞으로 나아가야 할 방향을 제시하고, 팀의 신뢰를 얻어 팀원들이 리더를 따르도록 하는 것이다.

리더십에는 매우 강한 윤리적 측면이 있다. 팀장이 팀원들을 공정하게 대하면 팀원들은 자연스럽게 팀장의 결점을 이해하고 신뢰한다. 팀의 신뢰와 존경을 얻기 위해서는 공정하고 윤리적으로 행동해야 하는 것이다.

이 장에서는 리더로서 신뢰를 받고 존경받기 위해 해야 할 일과 해서는 안 될 일을 설명했다. 이 책을 읽는 대부분의 독자는 업무 성과를 높이고 싶을 것이다. 이를 위해서는 새로운 접근 방식을 시도해야 한다.

리더의 개성은 팀의 성격에도 스며든다. 불행하게도 결점도 그와 마찬가지이다. 따라서 리더는 결점을 보완할 수 있도록 행동 방식을 조정할 수 있어야 한다.

팀이 리더의 부족한 면을 보완할 수 있도록 재조직할
수도 있어야 한다. 그렇게 하려면 자기 자신에 대해 비
판적 분석이 가능해야 하며, 자신의 결점과 부족한 점
이 무엇인지 확인하고 인정하는 용기가 있어야 한다.

» 제임스 콜린스James C. Collins와 제리 포라스Jerry I. Porras의 〈성공하는 기업의 8가지 습관*Built to Last: Successful Habits of Visionary Companies*(김영사 번역 출간, 2002)〉

: 이 책은 깊은 연구를 토대로 저술된 책으로 '최고의 기업'과 '단순히 좋은 기업'의 차이를 들려준다. 주로 큰 조직을 다루고 있지만 대부분의 경우 작은 팀에도 적용할 수 있는 내용들이다.

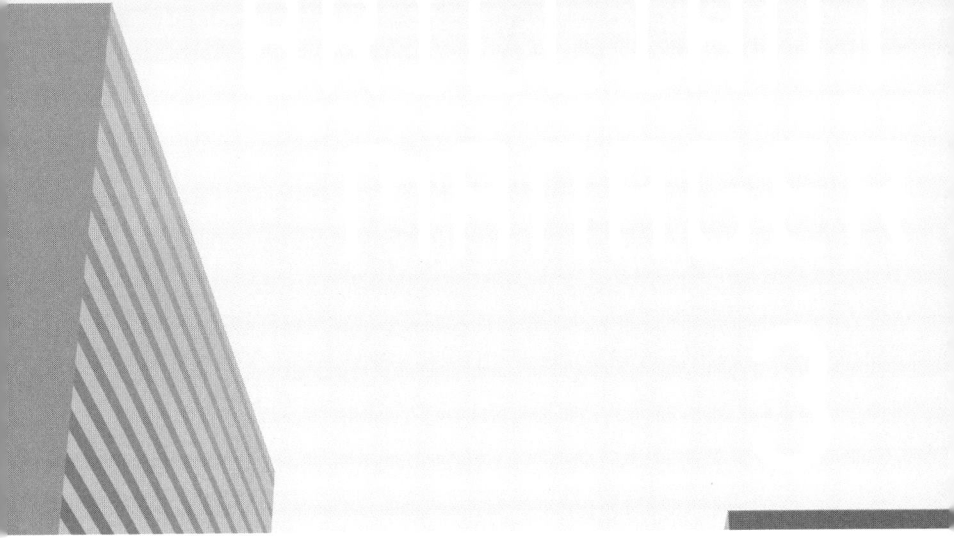

팀 문화

팀장으로서 잘 하고 있다는 증거 중의 하나는 직접 관리하거나 지시를 내리지 않아도 리더가 원하는 대로 팀이 행동하는 것이다. 팀 내에 명확하게 정의된 팀 문화가 형성된다면 이런 바람직한 상태를 만들 수 있다.

팀원들이 본능적으로 "우리는 이런 식으로 일한다"와 "저런 식으로는 하지 않는다"를 구분할 줄 안다면, 팀장이 좋아하는 방식으로 행동할 확률이 높다. 그리고 팀장이 싫어하는 행동은 피할 것이다. 뿐만 아니라 팀 문화와 조화를 이루는 방식으로 행동하도록 동료들 간에도 압력을 가할 것이다.

팀장의 원칙을 재확인하는 팀 문화가 가져오는 또 다른 좋은 결과는 팀장이 특정 상황에 어떤 반응을 보일지 팀원들이 쉽게 예측할 수 있다는 점이다. 팀원들이 "그렇게 할 줄 알았어요!"라고 말한다면, 이는 팀장의 상상력이 부족하고 둔하다는 뜻이 아니라 최고의 칭찬으로 받아들여야 한다.

그렇다면 강력하고 바람직한 문화를 형성하려면 어떻게 해야 할까? 『경영의 황금률』을 다시 한번 다른 형태로 반복하자면,

> "리더의 일관성 있는 행동이 팀 문화가 나아갈 방향을 정한다."

여기서는 리더가 일관성 없이 행동하면 역효과를 내는 문화를 만들 수 있다는 것을 강조하고 싶다. 이밖에 말과 행동이 다른 리더의 경우도 일관성 없이 행동하는 것만큼이나 나쁘다고 볼 수 있다. 팀장의 행동이 팀 문화의 방향을 결정하지만 일관성이 없다면 리더의 입지는 크게 타격을 받을 것이다.

# 기존의 문화를 이해하라

팀장들은 이미 만들어진 팀을 맡는 경우가 많다. 이 때 자신이 맡은 팀의 문화가 어떤지를 이해해야 하기 위해 노력해야 한다. 특히 문화 중에서도 팀원들이 높이 평가하는 측면이 무엇인지를 파악해야 한다. 만약 기존의 문화를 바꾸려고 한다면, 리더로서의 능력을 최대한 발휘하며 솔직하게 행동해야 한다. 일반적으로 신임 팀장이 지혜롭게 집단을 이끌어가려면 새로운 팀을 이해하는데 많은 시간을 투자해야 한다. 또 갑작스러운 방향전환은 하지 않는 것이 좋다.

팀 문화에 영향을 끼칠 수 있는 또 하나의 중요한 요소는 팀이 속한 전체 조직의 문화가 어떤 특성을 갖고 있느냐이다. 예를 들어 적극적이고 경쟁적인 조직에서 일하고 있다면, 조직의 이런 성향에 반하는 문화를 형성하려고 할 때 많은 저항이 따를 것이다.

이 장은 두 부분으로 나뉘어져 있다. 먼저 팀장이 형성할 수 있는 문화에 대해 설명한다. 두 번째는 팀장이 원하는 방향으로 팀 문화를 바꾸기 위해 활용할 수 있는 기술들을 설명한다. 반대로 팀장이 계획없이 행동했을 때, 의도한 것과 전혀 다른 팀 문화를 만들어 내는 요소들을 다룬다.

## 유능한 팀장이 원하는 팀 문화는 무엇인가?

이 책은 조직 내에서 가치를 창조하는 팀장들, 또는 가치를 창조하는 팀을 지원하는 사람들을 대상으로 삼는다. 그런 리더들이 이끄는 팀원들 중의 대부분은 조직 내외에서 고객들과 접촉하는 일을 할 것이다. 여기에 속할 경우, 고객 서비스에 관한 팀 고유의 강력한 문화를 형성하고 있어야 한다. 이를 위해 고객 서비스를 예로 들면서 문화를 형성하는 방법을 설명하겠다.

강력한 문화들은 대개 극단적인 단면을 갖고 있다. 그런데 여기서는 우리가 흔히 볼 수 있는 오류가 있다. 문화는 하나의 사회적인 제도이다. 그러나 이런 복잡한 제도를 다루는 학문(경영학, 심리학 또는 경제학 등)들

강력한 문화를 가진 기업에는 극단적인 단면이 있다.

은 인과관계를 잘못 예측하는 경향이 있다. 강력한 문화에 대해 생각할 때 알아야 할 것은 문화를 극단적으로 만듦으로써 형성되는 것은 아니라는 것이다.

경제학에 기초하여 다른 예를 들어 보자. 경제적으로 강력한 국가들은 환율이 안정되어 있는 경우가 많은데, 억지로 환율을 안정시킨다고 해서 반드시 경제가 강력해지는 것은 아니다. 경영학 이론에 기초하여 또 다른 예를 들자면 좋은 회사들은 대부분이 품질관리 제도를 갖고 있지만, 무작정 이런 제도를 도입한다고 해서 회사가 더 좋아지는 것은 아니다.

　여러 개의 각각 다른 극단적인 면을 포함한 문화는 거의 없다. 따라서 강력한 문화를 형성하고자 할 때에는 극단성을 고려하여 매우 신중해야 한다.

　문화는 팀장의 리더십 원칙과 조화를 이루는 것이 바람직하다. 또 자신의 관리 방식의 핵심적인 측면을 강조하기 위해 문화와 조화를 이루는 것이 좋다. 고객 서비스 또는 재무적 하한선 등 여러 업무를 다루다 보면, 경영에서 말하는 이른바 당근과 채찍을 적용해야 할 때가 많다. 즉, 몇몇 핵심 요소들은 매우 강하게 조여서 통제하는 반면 다른 요소들은 느슨하게 풀어줘서 통제하는 것이다.

　예를 들어 조직 내의 재정적인 통제를 생각해보자. 자본 지출, 자금 순환, 지원 활용, 이익, 물량 등 여러 요소 중에서 강하게 통제할 수 있는 요소들을 쉽게 식별할 수 있을 것이다. 이런 요소들 중에서 문화를 통해 강조하기에 적절한 것이 어떤 것인지를 고려해야 한다.

　오늘날 변화가 필요없는 조직은 거의 없다. 변화를 즐기는 분위기를 형성하기 위해서는 정직한 실패를 용인하는 문화를 만들어야 한다. 이 점은 경영 전문가들이 끊임없이 강조하는 부분이기도 하다. 그러나 대부분의 기업들은 말로만 동의한다. 좀더 작은 팀에서부터 팀장들이 정직한 실패에 대해 처벌을 받지 않도록 보장해야 한다. 오히려 적절할 경우 승진, 또는 그 밖의 실제적인 보상을 받도록 함으로써 도전을 장려해야 한다.

대부분의 강한 문화 속에서 일하는 사람들은 스스로를 엘리트라고 생각한다. 이런 자세는 자기 자신에 대해 높은 잣대를 갖고 있다는 점에서 유용하다. 팀이 높은 수준의 성과를 내는 분위기를 자연스럽게 형성할 수 있기 때문이다.

그러나 덜 긍정적인 면도 있다. 엘리트 집단은 폐쇄적인 경향이 있으며, 자신의 문화 밖에 있는 사람들을 "쓸모없다"거나 "멍청하다"고 보는 경향이 있다. 그래서 엘리트 문화는 대개 "오만하다"거나 "위압적이다"라는 평을 듣는다. 따라서 팀장은 외부인을 대할 때 항상 관대하고 존중하는 자세를 보여야 한다. 동시에 외부인을 존중하지 않는 팀원이 있을 때는 시정에 필요한 지적이나 교육을 통해 부정적인 인식을 줄여나갈 수 있을 것이다.

# 문화를 창조하고 변화시키는 방법

## ››› 자신의 시간을 활용하는 법

『경영의 황금률』에 따르면, 팀원들은 팀장이 시간을 어떻게 활용하는지를 보면서 팀장의 우선순위에 대해 강렬한 메시지를 받는다. 한 예로 흔히 볼 수 있는 실수를 들어보겠다. 팀장들은 종종 새로운 비즈니스를 추진하는데 많은 시간을 사용한다. 물론 그것이 잘못이라는 것은 아니다. 그러나 팀장이 팀의 핵심 비즈니스와 고객에 대해 신경을 쓰지 못하는 단계에 이를 경우, 팀장의 연봉을 벌어주기 위해 열심히 일하는 팀원들은 자신들이 제대로 인정받지 못한다고 느낀다.

## ››› 팀을 관리할 때

팀장으로서 활용할 수 있는 중요한 도구 중의 하나가 팀 내에 구축된 세세한 업무 절차이다. 그러나 절차를 바꾸면 팀 문화는 큰 영향을 받는다. 여기서 나는 고객 서비스팀의 자세와 관련된 비즈니스 사례를 예로 들려고 한다.

이를테면 고객과 직접 대면하는 직원이 고객의 불만을 '바로 해결할 수 있도록', 즉 팀장을 포함한 다른 상사의 지시없이 해결할 수 있도록 권한을 이양해 주었을 때 어떤 효과가 있을지를 고려해 보자는 것이다. 당신은 직원에게 어느 정도까지 권한을 이양해 줄 용의가 있는가? 이양한 권한이 잘못 사용될 위험에 대비해서 새로운 절차를 추가해야 할까? 권한을 이양 받은 직원이 그 권한을 제대로 행사할 수 있을 정도로 전체의 큰 그림을 제대로 파악하고 있는가? 또 이런 권한을 안전하게 행사할 수 있을 정도로 잘 훈련되어 있는가?

만약 이런 권한을 팀원에 이양한다면 스스로가 고객 만족에 대해 개인적인 책임을 갖게 될 것이다. 또 그렇게 인식하면 고객 서비스에 대한 문화적 접근 방식으로 자리를 잡을 것이다. 물론 위의 예시는 매우 단순화된 경우이다. 그러나 절차가 팀 문화를 정의함에 있어서 얼마나 중요한지를 잘 보여준다.

## 》》연봉과 승진을 결정할 때

팀장이 팀원들의 연봉과 승진을 결정하는 방식은 팀

문화에 매우 큰 영향을 끼친다. 이런 문제는 조직의 경영 방식에 의해 제한을 받지만, 항상 사원 불만족의 근원이라는 점을 명심해야 한다.

팀원들은 팀 내의 다른 사람과 비교되었을 때 가장 큰 영향을 받고, 그 다음으로 같은 팀은 아니지만 같은 조직에 속한 사람, 그리고 마지막으로 조직 밖에 있는 사람과 비교되었을 때 영향을 받는다.

연봉, 승진 그리고 보너스에 관해서는 항상 팀원들을 개방적이고 공정하게 대하려고 신경 써야 한다. 승진 결정을 한번 잘못 내린 것 때문에 팀장의 신용이 크게 떨어질 수 있고 팀원들의 사기도 크게 꺾일 수 있다. 항상 적절한 결정을 내릴 수 있도록 주의해야 한다. 그래서 제대로 결정하기 위해 사용하는 시간은 매우 가치 있는 시간이다.

현재 팀장이 가장 심혈을 기울이는 프로젝트에 참여하는 사람에게 보상해 주기 위해 승진이나 보너스를 활용하고 싶은 유혹도 느낄 것이다. 그러나 참아야 한다. 팀원들을 공평하게 대하는 것이 더 중요하기 때문이다. 또한 문제 있는 팀원을 부작용없이 승진 시키지 않는 방법은, 팀 내의 경험 많은 직원들과 미래의 승진 대상자들에 대해 논의하고 의견을 구하는 것이다.


## ››› 직원을 채용할 때

시간을 투자할만한 가치가 충분한 또 다른 영역은 바로 직원 채용이다. 팀장이 채용하려고 하는 직원의 유형을 통해서도 팀에 자신의 의도를 강하게 전달할 수 있기 때문이다. 또 직원 채용에 직접 관여함으로써 팀의 미래에 대해 신경을 쓰고 있다는 점도 보여줄 수 있다.

그런데 강한 리더들이 흔히 저지르는 실수 중 하나는 자신의 복제판과도 같은 사람들을 채용한다는 점이다. 이는 팀 문화가 리더의 결점을 받아들이고 닮아가도록 하는 것을 더욱 강화시킬 뿐이다. 예를 들어 현재 팀을 이끌고 있는 사람들을 생각해 보라. 그중에서 프로젝트를 시작할 때 가장 적합한 사람, 완성되어 가는 프로젝트에서 재능을 발휘하고 있는 사람, 그리고 일의 마무리가 뛰어난 사람들이 있을 것이다. 그중에서 일의 마무리가 뛰어난 사람들은 매우 귀할 뿐 아니라 눈에 잘 띄지 않는 경우가 많다. 유능한 리더라면 팀에 다양한 유형의 사람들을 적절히 섞어 두어야 한다.

두 번째는 불안감이나 위협감 때문에 유능한 직원의 채용을 꺼려서는 안 된다는 것이다. 원래 유능한 사람은 더 뛰어난 사람을 채용하려 하고, 실력이 없는 사람들은 자기보다도 실력이 더 떨어지는 사람들을 채용한다는 사실을 기억하라.

직원의 채용은 하나의 문화를 어떻게 계속 유지시켜 나가려고 하는지를 잘 보여주는 흥미로운 예이다. 강하게 구축된 문화는 관점이 유사한 사람들에게는 매력적으로 보일지 모르지만, 맞지 않는 사람들에게는 거부감을 안겨준다. 강한 문화에서는 문화와 잘 맞지 않는 사람이 채용될 경우, 거의 추방시키다시피 몰아내기도 한다. 그리고 문화에 적응하지 못하는 사람은 실력을 제대로 발휘하지 못할 확률이 높다. 일을 하면서도 결코 만족감을 느끼지 못하는 것이다. 이런 사람들은 언젠가 스스로 그곳을 떠난다.

직원을 채용하려 할 때에는 다음 요소들을 고려하면 좋다.

- 팀원이 갖추어야 할 자질과 기술을 신중히 고려한 다음, 채용 지원자들에게 이런 자질과 기술이 있는지를 파악할 수 있는 시험을 채용 절차에 반드시 포함시킨다.

- 첫 선발 과정은 하루면 충분하다. 면접 결과는 좋지만 아직 확실하게 마음을 정하지 못한 지원자가 있을 경우, 이후에 한 번 더 면접을 하도록 한다.

- 팀원을 선발할 때에는 일반적인 근무 환경을 보여주고 지원자들에게 팀 문화를 보여준다.

- 형식적인 면접 절차는 지원자의 자질(성격, 동기, 판단력, 윤리성)을 시험하기 위한 것이다. 결코 전문적인 기술을 알아보기 위한 것은 아니다. 지원자들에게 과거의 경험을 토대로 대답하도록 요구하는 것도 좋은 방법이다. 예컨대 "상사가 유난히 까다로운 사람이었을 때, 어떻게 대처했는지 이야기해 주시겠어요?"와 같은 식의 질문을 한다.

- 지원자의 전문 지식과 경험을 조사할 때에는 비형식적인 면접을 활용한다.

- 지원자에게 이전에 했던 작업의 예를 보여 달라고 요구한다. 많은 회사들이 놀랍게도 프로그래머의 프로

그램을 한 번도 보지 않은 채 채용하는 경우를 수없이 보아왔다.

♦ 지원자들에게 직장에서 겪었던 경험 중에서 흥미로웠던 것을 토대로 10분 짜리 발표를 준비해 오도록 하는 것도 좋다. 그런 다음 팀원 중에서 몇 사람을 선발하여 10분~15분 동안 질문을 던지게 한다.

♦ 30분 내외의 짧은 실기 시험을 치르게 하라. 필자의 경우 후보에게 꽤 일반적인 직무 관련 문제를 분석하도록 하는 방법을 활용했다.

채용 절차는 가능하면 비형식적으로 진행하는 것이 좋다. 또한 지원자에 대해 가능한 한 많은 것을 알아내는 것이 좋다. 지원자 역시도 당신의 팀이 마음에 드는지를 알아볼 수 있도록 기회를 주어야 한다. 이 모든 절차가 지원자에게 즐거움을 수면 좋다. 즐거우면 취직하고 싶은 마음이 더 생길 테니 말이다.

>>> 유능한 직원 지키기

많은 팀장들은 유능한 직원들의 이직이 재정적으로

얼마나 많은 비용을 소요하는지 과소평가하는 경향이 있다. 한 번 채용한 직원, 특히 유능한 직원이 장기간 일할 수 있는 환경을 만드는 것도 직원을 새로 뽑는 것만큼이나 중요하다.

강한 팀 문화는 팀원의 유지와 근속에 긍정적인 효과를 발휘한다. 산업 심리학자들은 의미 있는 직장 생활을 가능하게 하는 업무 환경이 사원들에게 동기를 부여한다고 말한다. 모든 사람은 소속감을 느끼고자 한다. 다소 추상적으로 들릴 수 있지만, 그것이 직원들의 강한 충성심을 유발하는 큰 원동력이 된다. 강한 문화 내에서 존경을 받는 위치에서 일해 본 사람이라면, 이직 후 다시 그 지위에 오르려고 노력해야 하기 때문에 이직에 대해 심사숙고할 수밖에 없다.

## ≫ 근무 환경의 중요성

흔히 팀장들은 물리적인 환경의 영향을 과소평가한다. 비록 조직의 방침 때문에 편의에 관한 제약을 받겠지만, 원하는 팀 문화에 맞게 환경을 조성할 만한 재량은 충분히 있을 것이다. 사무실 공간을 개방형으로 배치한다거나, 커피 타임을 위한 비공식적 공간을 마련하는 것도 가능할 것이다.

사람들이 그토록 사무실의 편의시설에 열을 올리는 이유는 업무의 효율성과 복지에 중요하기 때문이다. 그러나 안타깝게도 경영자와 기업들은 그렇게 중요하게 생각하지 않는다.

편의시설에 대해 한마디 더 하자면, 리더의 개인적인 편의시설은 팀에게도 매우 강한 메시지를 전달한다. 팀원들은 개방된 공간에서 일을 하고 있는데 팀장 혼자서 독립적인 사무실을 사용하고 있다면 팀원들은 어떻게 생각할까? 물론 팀장으로서 비밀스러운 대화나 전화통화가 필요할 수도 있을 것이다. 하지만 팀원들처럼 개방된 사무실에서 일하면서 작은 회의실을 하나 마련해 둔다면 훨씬 더 긍정적으로 받아들인다.

실제로 휴렛 팩커드 사에 새로 취임한 새로운 경영사는 사무실에 도착하자마자 맨 먼저 문의 나사를 푼 다음 문을 벽에 걸쳐놓았다는 일화가 있다. 이 이야기는 아주 유명한 이야기로 사무실의 환경이 문화에 끼치는 영향이 얼마나 큰지를 잘 보여준다.

이런 이야기는 경영 대가들의 신화와 전설이 문화를

지속하게 해 주는 강력한 도구가 될 수 있다는 사실을 보여준다. 어떤 문화에 새로 들어온 사람들이 이런 일화를 접하게 되면, 새로운 문화의 기본 원칙에 대한 강한 메시지를 받는다.

### ≫사교적인 행사들

팀의 사교적인 행사들은 신화와 전설의 풍부한 원천이 된다. 이런 사교적인 행사는 팀의 개별적인 상황에 맞춰서 행해져야 한다. 여기서 충고하고 싶은 것은 팀의 성과 덕분에 팀장이 보너스를 받게 되었다면, 반드시 보너스의 일부를 팀의 사교적 행사를 후원하는 데 사용하라는 것이다.

## 관용의 한계

마지막으로 용서에 대한 항변을 끝으로 이 섹션을 마치려고 한다. 우선 팀 문화의 기본적인 원칙을 깨는 사람은 절대로 관용을 베풀어서는 안 된다. 예를 들어, 정직함이 팀 문화의 큰 기둥 중의 하나라면 정직하지 않은 사람은 본보기로 매우 엄하게 처벌해야 한다.

또 사소한 위반 사항, 예컨대 경비(經費)에 관한 규정을 자신의 이익에 맞게 해석한다거나, 보건과 안전 규칙을 위반하는 행동에 대해 눈감아주고 싶은 유혹을 떨쳐버려야 한다. 팀장이 팀원들의 무리에 낄 수 없는 이유 중의 하나가 바로 팀 문화의 리더가 자신의 행동을 통해, 또는 규칙을 위반하는 팀원들을 발견할 때마다 적절히 대응함으로써 팀 문화에 높은 기준을 세워야 하기 때문이다.

# Summary

요 약

팀 문화의 기본 원칙은 다음과 같다.

리더가 일관성 있는 행동을 보여야 팀 문화의 방향이 세워진다.

팀장은 자신의 행동을 통해서 무엇을 긍정적으로 받아들이고, 또 무엇을 받아들일 수 없는지를 보여주어야 한다.

팀장으로서 팀에 보내는 미묘한 신호들이 팀 문화에 어떤 영향을 끼칠지를 의식하고 있어야 한다. 팀장은 사무실의 편의시설, 시간 활용에서의 우선순위 그리고 나쁜 소식에 대한 반응 등의 문제를 통하여 팀의 문화에 강력한 영향을 미칠 수 있다.

# BRILLIANT MANAGER

## 4

## 다른 유형의 사람 관리

# Managing different
# types of people
# 4

팀장은 모든 사람을 다 똑같이
다루어야 하는 것일까? 사람들은 기본적으로 예의를 지
키고 공정해야 한다는 생각을 갖고 있다. 이 때문에 처
음에는 모든 사람을 똑같이 대하려고 한다. 그러나 유
능한 팀장이라면 특별한 개성이나 서로 다른 업무의 심
리적 장애를 이해할 필요가 있다.

이번 장에서는 다양한 직업들을 살펴볼 것이다. 동시
에 각각 다른 직업을 가진 사람들을 움직이게 하고 자

극하는 것이 무엇인지를 분석할 것이다. 고객지원 업무, 영업 사원들, 창의적인 일을 하는 사람들 그리고 다양한 유형의 업무를 하는 사람들과 좋은 관계를 유지할 수 있는 기술들을 설명한다.

팀장이 관리하고 교류할 다양한 유형의 사람들을 설명하기에 앞서, 우선 모든 사람들에게 적용할 수 있는 기본 원칙들을 살펴보도록 하자.

직업이 다른 사람과 대면할 때에는 상대방의 전문성을 존중해야 한다. 변호사와 상담한 다음, 그와 다투거나 충고를 무시할 필요가 없는 것과 마찬가지이다.

반면 전문가들은 종종 자신이 팀장의 결정을 돕는 역할을 하고 있다는 사실을 망각한다. 대개 비즈니스에 관한 결정들은 팀장이 내린다. 팀장 주변의 전문가들은 결정에 따른 다양한 가능성들을 충고해 주는 역할을 할 뿐이다. 예를 들어, 창조적인 역할을 맡은 사람이 새로운 상품 아이디어를 제안하면 팀장은 그 아이디어를 시장에 적용할 방법을 연구할 것이다. 그리고 팀장은 다양한 방안들을 제시할 것이다. 하지만 아이디어를 응용하는 법을 가장 잘 아는 사람은 최초에 아이디어를 제시했던 창조적인 일을 하는 사람이다.

팀장인 당신이 각각 다른 분야의 전문가들과 교류하는 데에는 특별한 기술이 필요하다. 이때 명심해야 할 점들은 다음과 같다.

### 절대 전문가의 전문성을 경시하는 태도를 보이지 마라

대부분의 전문가들은 독특한 성격을 가지고 있다. 그러나 그들을 대할 때, 참기 힘든 지경에 이를 경우에도 무시하거나 짜증을 내비치는 실수를 저질러서는 안 된다. 대부분의 전문가들에 대한 최고의 모욕은 그 사람의 전문성을 의심하는 말투이다.

### 용어 때문에 당황하지 마라

최고의 전문가들은 자신의 분야에 대해 문외한인 사람들도 충분히 이해시킬 수 있다. 그러나 전문가들은 "전문성의 신비로움" 뒤에 숨으려는 공통된 속성을 갖고 있다. 그러나 그런 전문가들 때문에 기가 죽을 필요는 없다. 팀장인 당신이 알아들을 수 있도록 설명해 주기만을 기다려서는 안 된다. 오히려 팀장도 이해하기 위해 적극적으로 노력해야 한다. 만약 깊이 이해하기 위해 수많은 질문을 던져야 한다면 그렇게 해야 한다. 팀장이 결정과 관련된 사항들을 확실히 이해해야 한다고 고집을 부리면, 전문가도 팀장의 요구를 이해할 것이다.

### 전문가들에게 당신의 문제를 설명하라

필자의 경험에 의하면 전문가들과 문제에 대해 상의하면 훨씬 더 생산적으로 해결할 수 있다. 팀장 앞에 닥친 문제를 전문가가 이해하면 훨씬 수월하게 도와줄 수 있기 때문이다. 또한 전문가는 일반적으로 당신의 비즈니스가 어떻게 운영되는지를 파악하려고 노력할 것이다. 이때 팀장이 전문가에게 도리어 용어를 남발해서는 안 된다.

### 전문가들의 완고함을 주의하라

전문가들은 흔히 전문 분야의 한 영역에 대해 완고하고, 때로는 비합리적인 관점을 고집하는 습관을 갖고 있다. 자문을 해 주는 전문가의 눈에서 거의 종교적인 열정이 빛나고 있다면 일단 경계해야 한다. 이럴 때에는 다른 사람들의 의견을 함께 들어보는 것이 좋다.

## 유행하는 해결 방안을 경계하라

다양한 전문가들에게서 찾아볼 수 있는 또 다른 나쁜 습관은 최신 유행을 따르려 한다는 것이다. 특히 경영 분야의 경우, 수많은 경영자들이 특정 전문가가 유행시킨 해결책을 특효약인 것처럼 맹목적으로 이용하려 한다. 그러나 효과가 의심된다면, 유행하는 해결책이 얼마나 정착되었고 인정을 받고 있는지를 확인해야 한다. 또한 전문가가 제시하는 해결책에 대해 성공적으로 활용된 사례가 있는지 묻고 제시해 달라고 요청하는 것이 좋다.

## 무언가가 불가능하다는 말을 하면 의심하라

전문가들이 완전히 거짓말을 하는 경우는 드물다. 그러나 전문가가 말하길 무언가가 불가능하다고 한다면, 틀린 말이 아닐지라도 질문을 던져서 팀장이 원하는 대답을 얻을 수 있도록 해야 한다. 이런 이유 때문에 숨어 있는 문제를 이해하려는 노력이 필요하다.

전문가들이 늘어놓는 불필요한 사항 때문에 팀장이 수렁에 빠지는 일은 적지 않게 일어난다. 이때 던질 수 있는 질문으로는 "내가 원하는 결과의 80% 정도를 얻을 수 있는 대안은 없나요?"가 효과적이다.

### 자신의 이익만 챙기려는 충고는 주의하라

필자도 경영 컨설팅을 받아본 경험이 많다. 그래서 문제에 대해 더 많은 연구가 필요하다는 전문가의 권유에 저항하기가 얼마나 힘든지를 잘 알고 있다. 또한 전문가가 자신의 의견에 의존하게 만들려 하는 욕구는 매우 자연스러운 것이다. 그러나 조언하는 전문가에게 이익이 되는 충고가 아니라, 팀장인 당신에게 도움이 되는 충고를 받을 수 있도록 해야 한다.

### 조언자가 정보를 숨기지 않는지 유의하라

어떤 전문가들은 지식이 곧 권력이라는 생각을 근거로 일을 하기 때문에 팀장에게 제한된 정보를 주는 경우도 있다. 이 점을 유의해야 한다.

위의 사항들을 고려할 때 자문해 주는 전문가들과 일을 할 때는 여러 가지 사항을 주의해야 한다. 그렇다면 이들에게서 최대한 이익을 얻어낼 수 있는 방법은 무엇일까? 유능한 팀장이 항상 의지해야 할 핵심 기술이 하

나 있다. 바로 문제를 완전히 이해할 때까지 계속해서
질문을 하는 것이다.

현재의 상황과 관련된 문제를 좀더 깊이 이해하기 위
해 전문가들의 도움을 활용하는 것이고, 실제로 전문가
들은 팀장이 내리는 결정에 많은 조언을 해 줄 것이다.
그러나 궁극적으로 결정은 그들이 아닌 바로 팀장인 당
신이 내려야 한다는 사실을 기억해야 한다.


## 창의적인 사람

창의적인 사람들의 개성을 풍자하기는 쉽다. 오만하
다, 까다롭다, 불안해 보인다, 사교 능력이 떨어진다,
아이디어가 톡톡 튄다 등등. 그렇다면 고정관념을 초월
하여 창의적인 사람들을 자극하는 방법은 무엇이며, 이
런 직원들에게는 어떤 관리기법을 활용하는 것이 좋은
지 알아보자.

### 창의력을 잃을지도 모른다는 공포에 사로잡혀 있다

대부분의 창의적인 사람들은 "자신이 어떻게 그런 결과를 얻어냈는지"를 잘 모른다. 따라서 자신의 창의력이 갑자기 사라질지도 모른다는 두려움에 사로잡혀 있다. 팀장으로서 이런 직원들의 두려움을 어떻게 관리해야 할까? 먼저 창의적인 사람들이 안전함을 느낄 수 있는 문화를 만들어야 한다.

가장 효과적인 방법은 능력을 발휘하지 못하더라도 그들을 세심하게 배려해 주는 것이다. 이때 활용할 수 있는 방법 중에서 항상 효과적인 것을 몇 가지 제안하겠다.

- 창의적인 직원이 슬럼프에 빠졌을 때 지극히 자연스러운 상황이라고 안심시켜라.
- 데드 라인의 압박을 제기하라.
- 기계적인 일을 시켜서 바쁘게 만든다. 사람은 바쁠수록 창의성을 되찾을 확률이 높다.

### 창의성에는 집착이 필요하다

창의적인 사람들은 자신이 맡은 업무에 완전히 집착

창의성에는 집착이 필요하다.

해야만 창의력을 발휘할 수 있다. 집착을 잃어버리면 창의력도 사라질 것이다. 이는 곧 팀장이 팀원의 집착을 방해해서는 안 된다는 뜻이다. 이때 원래부터 창의성의 일부인 문제들과 창의성과 단지 연결되어 있는 문제들을 구별하는 것이 중요하다.

### 창의적인 사람들에게는 유동적인 규칙 적용이 필요하다

어떤 일에 집착하다보면 다른 것들은 망각하기 쉽다. 창의적인 직원들의 경우 규칙을 엄격하게 따르지 않아도 허용해 줄 필요가 있다. 예를 들어 창의적이지 않은 업무를 하는 직원이었다면 처벌했을 상황인데도 공식적인 처벌을 하지 않는 것이다. 그러나 출퇴근 시간과 같은 중요한 규칙이나 절차마저 무시해도 된다는 뜻은 아니다.

또 옷을 입거나 행동하는 방식, 개인의 위생 등의 영역에서 일반적인 기준에서 크게 벗어나기도 하는데 이런 개성이 다른 직원들에게 불쾌감을 주지만 않는다면 관대하게 대하라고 조언하고 싶다. 직원에게 "좀더 자주 씻으라"고 말해야 할 상황만큼 팀장이 난처한 경우는 없다.

### 창의성 앞에는 종종 무력감이 나타난다

창의적인 직원들은 종종 창의적인 업무에 착수하기 전, 일종의 무기력한 상태를 보이는 경우가 있다. 이는 흔히 나타나는 자연스러운 현상이다. 이때 직원의 사기를 북돋워 주는 것도 하나의 방법이다.

### 창의적인 사람은 대개 민감한 성격의 소유자가 많다

창의적인 사람들은 보통 거의 무아지경에 가까운 집중 상태에 도달해야 일을 할 수 있다. 심리학자들은 이를 '플로flow'라고 부른다. 그들은 주변이 산만하면 이런 플로 상태에 도달하지 못한다. 이런 이유 때문에 창의성과 개방된 사무실의 구조는 대개 조화를 이루기 어렵다.

음악을 들으면서 일할 때 능률이 오르는 사람, 아주 조용한 환경에서 능률이 오르는 사람 등, 사람마다 선호하는 근무 환경이 다르다. 그런 근무 환경을 만들어주기 위해서는 관리 방식에 융통성이 있어야 한다. 재택근무를 하게 해주거나 개인 연구실을 제공하면 효과적이다. 다른 대안으로는 개방된 사무실 구조를 조정하여 비슷한 성향의 팀원들끼리 붙여주는 것도 좋은 방법이다.

### 대부분의 창의적인 사람들은 인정받고 싶어한다

이런 성향을 가진 대부분의 사람들은 팀장의 관리 방법에 따라 결과에 큰 차이를 나타낸다. 만약 이런 성향을 지닌 사람들을 무관심하게 대한다면 의욕을 잃고 말 것이다.

팀장은 창의적인 업무를 하는 직원들의 성향을 재빨리 파악하여 사기를 북돋워주는 말이나 행동을 자주 보여주는 것이 좋다. 또는 자신이 맡고 있는 일이 매우 중요한 업무라는 것을 인식시켜 주고, 일을 잘 처리할 경우 인정을 받을 것이라고 하면 큰 실적을 올릴 수 있을 것이다.


## 컨설턴트

컨설턴트와 일부 하청업자들의 경우 경계선이 매우 모호할 때가 있다. 내가 말하는 컨설턴트는 소매를 걷어붙이고 "같은 팀 구성원처럼 일하는 사람"이 아니라, "충고와 자문 역할만을 해주는 사람"을 일컫는다. 이런 정의는 컨설턴트에 대한 부정적인 편견을 부각시킬 수도 있다.

"스스로 할 수 있는 사람은 직접 일을 하고, 스스로 할 수 없는 사람은 옆에 서서 참견한다"는 옛말이 있다. 이 말은 많은 사람들의 머릿속에 "스스로 할 수 있는 사람은 직접 일을 하고, 자기가 할 수 있는 능력이 안 되는 사람은 컨설턴트를 한다"로 번역되기도 한다.

이 부분은 많은 컨설턴트들에게 매우 민감한 문제이

다. 그러나 내 경험에 따르면 주로 최고의 컨설턴트들이 그런 걱정을 한다. 같이 일해 본 컨설턴트 중에서 최고의 실력을 가졌던 사람은 내게 이런 농담을 건네기도 했다.

질 문 : 컨설턴트를 정의한다면?
    답 : 사랑을 이룰 수 있는 방법을 수백 가지나 알고 있지만 막상 본인은 숫처녀나 총각인 사람.

컨설턴트가 이런 인식을 잠재적으로 얼마나 민감하게 받아들이는지를 의식하는 것이 중요하다. 이런 문제를 컨설턴트에게 언급하면 그 손해는 고스란히 당신에게 돌아올 것이다.

대부분의 컨설턴트들이 갖고 있는 강한 특성들이 있다. 이 특성은 팀장이 컨설턴트를 관리할 때 매우 유용하다. 여기서는 팀장이 컨설턴트와 교류하는 다른 두 가지 방법을 설명하려고 한다. 첫째는 팀장의 편의를 위해 본인이나 조직이 고용한 컨설턴트를 관리하는 경우가 있고, 둘째는 고객에게 자문해 주는 컨설턴트를 관리하는 경우가 있다.

## 컨설턴트는 용병들과 유사한 정신 상태를 갖고 있다

컨설턴트들은 기본적으로 고용된 용병이라는 점을 잊어서는 안 된다. 그래서 이들의 전문 지식을 살 수는 있겠지만 충성심까지 살 수는 없다. 결과적으로 고용된 컨설턴트를 통제할 수 있어야 한다. 고용한 컨설턴트가 일하는 경계만큼은 명확하게 설정해 두는 것이 좋다.

실제로 대부분의 컨설턴트들은 팀의 이익보다는 자신의 이익을 우선하는 고독한 사람들일 경우가 많다. 필자는 컨설턴트의 충성심을 얻을 수 있는 매우 효과적인 방법 하나를 알고 있다. 대부분의 컨설턴트들은 자신의 전문지식이 시대에 뒤떨어질지 모른다는 두려움을 갖고 있다. 그리고 현재 속해 있는 조직이 자신의 지식을 최대한 활용하여 이익을 얻은 다음, 그 지식이 시대에 뒤떨어지면 해고할까봐 두려워한다. 따라서 컨설턴트가 팀 내에서 새로운 기술을 배울 수 있도록 기회를 제공하면 당신의 팀에 충성할 확률이 높다.

## 컨설턴트들은 경쟁적인 성격을 갖고 있는 경우가 많다

대부분의 컨설턴트 교육은 경쟁이 매우 심한 편이다. 예를 들어, 경영 컨설턴트들은 대부분 MBA를 마친 상태이다. 그리고 대부분의 MBA 과정들은 경쟁이 매우 심한 하버드의 MBA 과정을 모방하고 있다. 또 대부분의 컨설팅 기업들은 컨설팅 기업의 시조라고 할 수 있는 맥킨지가 개척했던 경쟁적인 문화를 기초로 삼는다. 모든 컨설턴트들이 다 경쟁적이라고 말하기에는 무리가 따르지만, 널리 퍼져 있는 성향이므로 의식하는 편이 유리하다.

컨설턴트와 컨설팅 기업들이 경쟁적이어서 일어나는 부작용 중의 하나는 컨설턴트들이 야근을 많이 하는 등 근무시간이 매우 길다는 점이다. 결과적으로 컨설턴트들은 강한 압박감 속에서 일을 하고 있는 것이다. 따라서 성격이 관대하지 않아도 이해를 해주어야 한다.

### 컨설턴트들은 자신의 연봉에 유난히 신경을 쏜다

컨설턴트라는 직업은 연봉이 높은 직종 중의 하나이다. 그럼에도 불구하고 강한 경쟁 심리와 협력하지 않으려는 심리가 작용하여 자신들이 받는 연봉에 매우 집착한다. 그래서 컨설턴트를 고용한 팀장은 연봉 협상에서 심한 압박을 받을 수밖에 없다. 컨설턴트들의 이직률이 매우 높은 것도 연봉에 대한 집착에서 그 원인을 찾을 수 있다. 물론 유능한 컨설턴트의 경우 인재를 빼내려는 스카우터들이 제시하는 연봉과 실제로 받는 연봉이 비슷한 몇 안 되는 직종 중의 하나이기도 하다.

이런 상황에 놓인 팀장이라면 비금전적인 보상을 활용하는 것이 좋다. 특별한 혜택을 주거나 특별한 대우를 고려해야 한다는 것이다. 이런 점을 활용한다면 현재의 직장에 남도록 설득할 수 있을 것이다.

### 컨설턴트들은 감성보다는 이성적인 분석을 한다

컨설턴트들은 복잡한 문제를 이해하고 문제의 해결법을 생각해낼 수 있는 능력에 대해 강한 자부심을 갖고 있으며 분석적인 성향을 갖고 있다. 그래서 컨설턴트의 조언을 따르다보면 팀원들이 고통을 감내해야 하는 상황에 직면할 수도 있다. 그러나 컨설턴트는 자신의 충고에 따른 고통에 대해서는 신경을 쓰지 않는다. 결과적으로 컨설턴트는 자신과 직원들 사이에 갈등을 유발할 수도 있다.

지금까지 컨설턴트의 개인적인 성향과 행동 방식에 대해 설명했다. 다음으로는 컨설턴트의 직업적 행동 방식의 특징을 살펴보도록 하겠다.


## 컨설턴트가 듣기 좋은 소리만
## 늘어놓는 것은 아닌지 주의하라

컨설턴트 업계의 가장 고전적인 수법 중의 하나는 고객이 듣고 싶어하는 소리를 해 준다는 것이다. 이렇게 컨설턴트들의 잘 알려진 특징을 다시 언급하는 이유는 그럼에도 불구하고 사람들이 계속해서 당하고 또 당하기 때문이다. 어떤 상품의 마케팅을 위해 마케팅 컨설턴트를 고용했다. 그런데 이 상품이 이익을 내지 못할 것이 불을 보듯 뻔하다고 가정해 보자. 이때 컨설턴트가 자신의 고객에게 이 상품이 실패작이 될 가능성이 높다고 말할 수 있을까? 이는 컨설턴트가 갖고 있는 치명적인 약점이라고 할 수 있다. 고객이 듣고 싶어하지 않는 말을 고의적으로 회피하는 상황은 컨설팅 세계에서는 흔히 일어나는 일이다.


## 컨설턴트에 지나치게 의존하지 않도록 주의하라

컨설팅 계약이 연장되도록 그냥 내버려두는 것은 쉬운 일이다. 컨설턴트가 자신의 입으로 "더 이상 내 도움이 필요없다"고 말해 줄 리는 없기 때문이다. 컨설턴트의 조언과 자문을 받을 필요가 없어졌는지를 결정하는 것은 팀장의 책임이다.

### 규격화된 해결법에 맞추려는 조언에 주의하라

많은 컨설팅 기업들이 점점 서비스를 규격화하면서 이익을 극대화하려 하고 있다. 즉 문제의 영역을 정해 두고 고객의 문제를 몇 개의 정해진 틀에 끼워 맞추는 식이다. 그런 다음 각 상황마다 미리 정해진 표준화된 해결 방식을 제시하는 것이다. 이렇게 하면 표준화된 방식으로 컨설팅 훈련할 수 있고, 컨설팅 업무 자체를 기계화 또는 단순화시킬 수 있기 때문이다.

또한 미리 쓰여진 내용을 바탕으로 보고서를 작성하여 고객에게 제출함으로써 컨설턴트들의 생산성도 높일 수 있다. 그러나 유능한 팀장이라면 현재 직면한 문제에 들어맞는 조언을 받을 수 있도록 해야 한다. 컨설턴트가 상황의 특이성을 인식하고 있는지 확신할 수 없다면 계약을 파기하는 편이 좋다.

표준화된 컨설팅 서비스를 제공하는 또 다른 방식이 있다. 바로 최신 유행하는 구조화된 방식을 조언하는 것이다. 이런 상황에서는 제시되는 방식의 한계(참고로 다른 모든 방식들도 한계를 갖고 있다)가 결과적으로 부적절한 조언을 낳는 것이다.

최고의 컨설팅은 최고의 컨설턴트에게서만 나온다. 만약 잘 훈련된 원숭이와 같은 컨설턴트와 계약했다면 그 책임은 전부 팀장인 당신에게 있다.

### 미끼를 던져 유혹하는 방법에 주의하라

앞에서 설명했듯이, 컨설팅 기업들이 서비스를 규격화하고 있다는 것만 보아도 알 수 있듯이, 컨설팅 비즈니스에서 "미끼를 던져 유혹하는 기술"은 널리 퍼져 있다. 이런 수법은 처음에는 최고의 컨설턴트를 이용하여 계약을 맺도록 한 다음, 실제 계약을 이행할 때에는 수준이 떨어지는 컨설턴트에게 맡기는 방법이다.

지금까지 컨설턴트들의 좋지 않은 모습들을 열거했다. 하지만 지금부터는 그들을 옹호하는 말을 조금 덧붙여 보겠다. 일단 자신이 하고 싶은 일을 정당화시키는 도구로 컨설턴트를 활용하는 고객만큼 컨설턴트를 우울하게 만드는 사람은 없을 것이다. 그중에서도 특히 감원 대상이 될만한 직원들을 골라내기 위해 컨설턴트를 고용하는 일만큼 야비한 경우도 없다.

컨설턴트를 단호하게 관리하고, 문제에 대한 통찰력을 얻으려는 고객 밑에서 일하는 것은 즐거움 그 자체일 것이다. 그렇게 되면 고객(팀장 또는 조직) 또한 자신에게 적합한 컨설턴트를 만나게 될 것이다.


## 세일즈맨

세일즈맨과 컨설턴트의 특징에는 유사한 점이 매우 많다. 둘 다 협력하려는 의지는 부족하고, 고용된 용병과도 같은 사고방식을 갖고 있다. 즉 둘 다 돈에 의해 자극을 받고, 매우 경쟁적이며, 추진력이 강하다는 특징을 갖고 있다. 때로는 정직함이 우선순위 뒤로 밀려나도 개의치 않는 경향을 보이며, 둘 다 비교적 장시간 근무한다. 그러나 컨설턴트와 세일즈맨 사이에는 중요한 차이점이 있다. 즉 컨설턴트는 매우 분석적이고 합리적인데 반해 세일즈맨은 그렇지 않은 것이다. 아래에 세일즈맨 특유의 개성 몇 가지를 제시했다.

### 세일즈맨은 사냥꾼이다

최고의 세일즈맨은 사냥감을 쫓는 것을 즐기며 사냥감을 포획했을 때 희열을 느낀다. 이들은 일단 사냥감

세일즈맨들은 사냥꾼과 비슷한 특징을 갖고 있다.

을 쫓기 시작하면 쉽게 포기하지 않는다. 그래서 세일 즈맨을 관리할 때에는 이런 특성을 알고 있는 것이 중요하다. 의외로 많은 세일즈맨들이 계약을 성사시키기 위해 불합리한 행동도 불사하기 때문이다. 팀장으로서 경계해야 할 상황들은 다음과 같다.

- 가격을 너무 많이 깎아 주는 것.
- 불가능한 배달 기간을 제시하는 등 비현실적인 약속을 하는 것.
- 규격화된 상품을 필요 이상으로 변형시키는 것.
- 무료 조언 등과 같은 달콤한 서비스를 너무 많이 제시하는 것.
- 상품의 기능을 과대 선전하는 것.

팀장으로서 세일즈맨들이 재량을 발휘할 수 있는 경계선을 정확히 규정하고, 이 경계를 넘어섰을 때는 조치를 취해야 한다.

### 세일즈맨은 팀에 협조적이지 않다

세일즈맨은 대개 상품이나 서비스 개발부와 관계가

좋지 않다. 이는 일명 '뒷방 연구소'에서 일하는 직원들보다는 세일즈맨들이 훨씬 더 고객을 잘 이해하고 있다는 생각을 하고 있기 때문이다. 또 자신이 조직의 최일선에서 일하기 때문에 다른 직원들은 오로지 세일즈맨을 지원해야 한다고 믿는다. 그래서 사내의 다른 사람들은 "할 수 있다"는 도전 정신이 부족하다고 여긴다. 실제로 이런 생각들이 어느 정도는 타당하기도 하다.

반면 다른 사원들의 생각은 조금 다른데, 이들의 의견도 어느 정도는 타당하다. 먼저 세일즈맨들이 고품질의 상품이나 서비스를 완성하는 것이 얼마나 복잡하고 전문성을 필요로 하는지 이해하지 못한다고 생각한다. 또 이들은 비현실적인 마감일에 맞추라는 요구와 상품의 품질과 서비스의 전략을 변경하라는 지시에 분개하기도 한다. 또 세일즈맨들이 해당 상품이나 서비스의 성격을 제대로 이해하지 못하고 부가적인 기능들을 요구하는 점에도 분노한다. 이들은 세일즈맨들이 고객과 상품개발부를 갈라놓으려 한다고 믿는다.

무엇보다도 불만을 나타내는 가장 큰 이유는 자신들이 힘들게 일해서 세일즈맨들의 보너스를 대준다는 사실 때문이다.

대부분의 세일즈맨은 보너스 문화가 있는 환경을 선호한다

보너스는 세일즈맨을 자극하기 위한 매우 유치한 방법이라고 생각하는 팀장이 있다. 또 보너스를 동기부여의 도구로 거의 쓰지 않는 팀장도 있다. 만약 그렇다면 세일즈맨들에게는 보너스가 가장 널리 보급된 동기부여 도구라는 사실을 기억해야 한다. 그러나 보너스의 범위는 신중하게 설정하는 것이 좋다. 단순히 매출만으로 보너스를 산정하는 것은 세일즈맨들이 나태해질 위험이 있다. 매출 외에 순이익을 포함한 기준으로 보너스를 산정해야 확실한 동기부여가 된다.


## 지원 인력 관리

만약 마음 속으로 "나는 지원 인력도 다른 직원들과 똑같이 대우해"라고 생각한다면, 관리를 잘 하고 있다고 으쓱해도 된다. 따라서 이 부분은 그냥 넘어가도 좋다. 그러나 여기서 지원 인력에 대해 언급하는 이유는 너무 많은 팀장들이 자신과 다른 직원들을 다루는 데

어려움을 겪기 때문이다. 만약 이러한 문제로 어려움을 겪고 있다면 다음과 같은 충고를 해 주고 싶다.

"학력이 부족하다고 해서 기본 상식이 부족한
것은 아니다"

오히려 학문적인 조건이 높은 사람에게 상식이 부족하다는 느낌을 받는 경우도 있다. 지원 인력을 채용할 때에는 상식과 열정이 가장 중요하다는 점을 기억해야 한다.

**지원 인력으로부터 최상의 결과를 얻어낼 수 있도록**
**팀원을 훈련시킬 필요가 있다**

무엇보다도 지원 인력의 지원을 믿을 수 있어야 한다. 팀원들이 지원 인력을 믿지 못하고, 끊임없이 지원 인력의 업무를 확인해야 되는 상황은 곤란하다.

또한 팀원들이 지원 인력을 활용하여 최고의 성과를 얻어내는 방법을 알고 있을 것이라고 확신해서는 안 된다. 정규 사원들이 지원 인력들에게 흔히 갖고 있는 오해들을 열거하자면 다음과 같다.

◆ 지원 인력들은 멍청이들뿐이다.

- 지원 인력들은 우리만큼 지적이지 않다.
- 지원 인력들은 모두 독심술을 갖고 있다.
- 지원 인력들은 우리를 돕는 일로 바빠야 한다.
- 내 일이 가장 시급한 일 중의 하나이다.

지원 인력에게 어느 정도의 정보와 정황을 설명해 줘야 하는지를 파악하는 것도 중요하다. 어떤 지원 인력들은 상세하게 설명하지 않아도 일을 잘 할 수 있지만, 또 어떤 직원들은 여유를 갖고 이해시켜 주어야 할 때도 있다. 이밖에 지원 인력들에게 업무의 마감일과 우선순위에 대해 상세하게 설명해 주어야 한다.

## 지원 인력에게 투자하면 이익을 많이 얻을 수 있다

대부분의 지원 인력들은 제대로 된 고객 서비스를 제공하는 법을 배운 적이 없다. 예를 들어 지원 인력들은 대부분 자신의 지원을 받는 사람에게 업무의 진행 상황을 알려준다. 하지만 일이 늦어질 경우 미리 알려주는 것이 얼마나 중요한지는 모른다. 그렇기 때문에 지원 인력들의 능력을 최대한 활용할 수 있도록 업무 방법을 정확하게 제시해 주어야 한다.

## 지원 인력들을 존중해야 한다고 못 박아라

어떤 사람들은 지원 인력을 마치 하인이라도 되는 양 배려도 없고 예의도 없이 대한다. 반드시 팀원들에게 이런 행동은 용납이 안 된다고 밝혀둬야 한다. 필자의 경우 지원 인력들에게 무례하게 대하는 사람이 있을 경우 보고하라고 지시했다. 그리고 해당 직원에게 행동을 바꾸지 않으면 지원을 아예 끊겠다고 경고한 적도 있었다. 그러나 예의를 지키는 것과 너절한 일처리에 인내하는 것은 전혀 별개의 문제이다. 지원 서비스가 믿을 만한 수준에 이르지 못할 경우, 해당 지원 인력에게도 단호한 질책을 해야 한다.

전문가가 당신에게 무슨 말을 하는지 잘 이해할 수 있어야 한다. 조언을 충분히 이해하지 못했다면, 충분히 이해할 수 있도록 설명해 달라고 요구해야 한다. 중요한 것은 이해할 수 있을 때까지 질문을 던지는 것이다.

주의해야 할 전문가의 경우로는,

- 특정한 해결법을 유난히 강조하는 사람.
- 불가능한 것을 말하는 사람.
- 조언에 맹목적으로 의존하게 만들려는 사람.

팀장이 창의적인 유형의 사람들을 다룰 때에도 방법이 있다. 이 유형의 많은 사람들은 자신의 창의성이 사라질 것이라는 두려움을 갖고 있으므로 안심시켜 줄 필요가 있다. 또한 그들은 창의성을 발휘하기 위해 무언가에 집착해야 할 경우가 있다. 따라서 이들의 집착과 그 밖의 비상식적인 행동을 얼마나 용인해 줄 것인지를 결정해야 한다.

컨설턴트들은 일종의 고용된 총잡이와 같은 사고 방식을 갖고 있다. 그래서 이들은 팀워크에 기반한 협력에는 능하지 않다. 또 종종 자기중심적이고 돈에 집착한다.

세일즈맨은 컨설턴트와 비슷한 성격을 보여준다. 팀장은 이들이 고용된 용병이라는 사실을 기억해야 한다. 세일즈맨은 대개 금전적인 보너스를 요구하며, 팀장이 제안하는 금전적인 혜택에 대해 추하게 반응할 경우도 있다. 그러므로 혜택의 범위를 신중하게 고려해야 한다.

지원 인력으로부터는 믿을 만한 서비스를 받을 수 있도록 관리해야 한다. 자격이 부족하다고 해서 기본 상식이 부족한 것은 아니다. 따라서 지원 인력들에게 최상의 결과를 이끌어낼 방법을 팀원들에게 알려 주어야 한다.

# BRILLIANT MANAGER 5

# 팀 조직

## 자기 자신을 관리하는 법

대부분의 사람들은 시간관리의 원칙을 알고 있다. 만약 알고 있지 않다 하여도 이 주제에 관한 좋은 책들은 얼마든지 있다. 그러나 시간관리를 제대로 하기 위한 원칙들이 아무리 효과적이라고 해도 나는 다음과 같은 조언을 하고 싶다.

"시간관리를 아무리 잘 한다 하여도 하고 싶은
일을 모두 할 수는 없다"

결국은 실제로 하는 일의 양을 줄이는 기술을 활용해야 한다는 뜻이다. 예를 들어 다음과 같은 방법이 있다.

- 권한 위임.
- 지나치게 완벽주의를 추구하지 말 것.
- 우선순위가 낮은 일은 아예 포기할 것.

팀 조직에 관해 설명하기 전에 위 목록의 두 번째와 세 번째 항목을 다시 설명하겠다.

### 지나치게 완벽주의를 추구하지 말 것

일을 적당히 한다는 개념을 몰라서 자신을 혹사시키는 팀장을 수도 없이 보아 왔다. 단도직입적으로 말하자면, 팀장으로서 시간을 투자해서 하는 일의 대부분은 팀의 미래에 큰 영향을 미치지 않는다. 지나치게 완벽을 기하지 않아도 되는 업무를 구별하여, 이런 업무에 소요되는 시간을 줄일 수 있도록 훈련해야 한다.

## 우선 순위가 낮은 일은 아예 포기할 것

한 번은 이런 실험을 한 적이 있었다. 나는 사내의 직원들과 수많은 이메일을 주고받는다. 그래서 모든 이메일을 무시하고 답신을 보내지 않으면, 과연 몇 사람이 나 쫓아오는지를 관찰하기로 했다. 이메일을 보내온 사람들 중에서 약 90%는 전혀 찾아오지 않았다. 찾아온 나머지 10%의 사람 중에서 80%에게는 최대한 간략하게 답장을 보내 주었고, 정말 중요하다고 여기는 나머지 20%에게는 진지한 답신을 보내주었다. 결과적으로 2%에게만 적절한 답신이 이루어진 것이다.

이런 실험 결과를 설명하는 이유는 독자들에게 우선순위를 생각해 보도록 하는 것이다. 그리고 정말로 중요한 업무에 시간을 더 많이 투자할 수 있도록 우선순위가 낮은 업무를 무시해도 되는지 고려해 보도록 하기 위함이다.

큰 문제없이 무시해도 될 업무를 구별하는 방법 중의 하나는 상사가 어떤 업무에 특별히 더 관심을 갖고 있는지를 파악하는 것이다. 냉소적이고 직설적으로 말하자면, 상사의 보너스에 영향을 미치는 업무를 파악하는 것이 중요하다. 이런 업무를 무시하면 크게 후회할 일이 생길 수 있기 때문이다.


## 팀장의 주요 업무

팀 조직을 가능하게 하는 여러 방법을 살펴보기 전에, 먼저 팀장들이 일반적으로 해야 할 중요한 업무에 대해 설명하면 다음과 같다.


- 비즈니스 전략의 공식화.
- 직원 관리의 쟁점들(평가와 연봉 결정 등).
- 직원들과 그 밖의 인력 배치.
- 영업 관리(재정, 편의시설, 팀을 운영하는 데 필요한 것들).
- 조직의 다른 부분과의 접점(일상적인 것과 특별한 것을 포함).
- 국가 원수의 역할(누군가가 상사를 움직일 필요가 있을 때).
- 사절 역할(조직 내외의 다른 집단들과의 접점을 만드는 것).

- 세일즈맨.
- 협상자.
- 고객 응대.
- 팀의 성과 점검.

## 책임의 위임

강조하고 싶은 것은 팀을 조직할 때는 현재의 팀원들, 또는 앞으로 채용할 사람들이 가진 능력을 중심으로 팀을 조직해야 한다는 것이다. 이렇게 하지 않고 이상적인 팀을 계획한 다음, 빈자리를 채워나가려고 하는 것은 쉽지 않은 일이다. 왜냐하면 조직에 필요한 기술을 가진 팀원들이 모두 있을 만큼 팀의 규모가 커야 하기 때문이다. 그러나 이 책은 조직 내에서도 가장 낮은 수준의 팀장들을 독자로 삼고 있다. 이 때문에 현재 활용할 수 있는 직원들을 중심으로 팀을 조직하는 방법을 제시하는 것이다.

먼저 프로젝트나 업무를 이끌면서 성공적으로 완수할 것으로 믿고 맡길 수 있는 직원은 한정되어 있다는 점을 알아야 한다. 이런 직원이 다섯 명 있다고 하면, 동시에 다섯 가지 일만 제대로 할 수 있는 것이다. 그러므로 이 다섯 명이 가장 중요한 다섯 가지 역할을 맡을 수 있는지를 확인해야 한다. 그외의 업무들은 원활하게 진행되기 어렵다는 사실을 받아들이고 관리할 필요가 있다.

어떤 직무를 위임할 것인지를 언급하기 전에, 먼저 권한을 위임하는 가장 중요한 목적이 팀장인 당신의 업무량을 줄이기 위해서라는 것을 알아야 한다. 특정한 업무에 대해 권한을 위임한 다음에도 그 일을 직접 했을 때와 비슷한 수준으로 관심을 기울이면 업무를 위임해도 아무런 의미가 없어진다. 해당 업무를 전혀 살펴보지 말라는 뜻은 아니지만, 일을 살펴보기에 적절한 정도가 어떤지 의견을 나눈 다음, 권한을 위임한 직원의 책임 하에 일을 할 수 있도록 내버려둬야 한다.

팀원들에게 위임할 수 있는 업무로는 일상적인 인사관리나 영업관리 등이 떠오를 수 있다. 이 두 가지의 역할 중에서도 영업관리에 많은 시간이 소요되고 스트레스가 많기 때문에 위임하는 것이 효율적이다. 더구나 유능한 리더의 조건 중의 하나가 매일 팀의 세세한 업무를 다루지 않는 것이다.

영업관리를 위임하는 데에는 두가지 방법이 있다. 대부분의 책임을 전문 관리인에게 위임하는 방법과, 반대로 팀장이 주요 사항들을 계속 관리하면서 믿을만한 팀원에게 간단한 업무를 맡기는 방법이다.

한편 인간관계가 서툴다면, 인사관리를 팀원에게 위임하는 것이 좋다. 많은 책임을 모두 다른 사람에게 위임해야 할 필요는 없지만 팀원들의 걱정거리에 대해 정기적으로 대화에 응해주는 담당자가 있다면 확실히 유리할 것이다. 이런 사람들은 팀장과 팀원들 사이의 중재 역할을 할 수 있다.

팀장이 아무리 인간관계를 잘 유지해도 상사라는 사실은 변하지 않는다. 그러나 부하 직원들은 상사보다는 동료 의식을 느끼는 사람에게 훨씬 더 쉽게 마음을 연다. 필자는 이런 제도를 오랫동안 활용해 왔고 항상 만족스러운 결과를 얻었다. 회사 내에 인사부나 노동조합이 잘 구성되어 있을 경우에는 더욱 효과적이다.

권한을 위임할 생각이라면 믿을만한 직원들로 이루어진 그룹을 만들고, 거기에서 일종의 회장 역할을 만드는 것도 괜찮다. 서로 마음이 잘 통하는 적절한 사람들이 있으면 이런 제도의 효과는 매우 크다. 그러나 이런 분위기를 만들어낼 수 있는 그룹이 없다면 혼자서 리더 역할을 하는 편이 낫다.

대리인을 한 명 이상 지명해야 할 필요성도 있다. 이를 다루는 데에는 두 가지 전혀 다른 방법이 있다. 첫째는 팀장의 부재에 대비하기 위해 대리인을 지명하여 리더가 없을 때에는 중요한 결정을 내리지 않도록 제한하는 것이다. 두번째는 대리인에게 권한을 주어 중요한 결정도 직접 내릴 수 있도록 하는 것이다. 둘 중에서 어떤 방법을 선택하느냐는 대리인을 얼마나 신뢰하고 있는지, 그리고 얼마나 효과적으로 함께 일할 수 있느냐에 달려 있다.

적절한 사람이 있다면 근무시간의 일부만이라도 팀장 밑에서 직접 일하는 것도 유용한 방법이다. 이런 사람들은 팀장의 일반적인 조수 역할을 하거나 팀장을 대신하여 상부에서 내려온 지시를 실행에 옮기는 등, 특정한 프로젝트를 담당하게 할 수도 있다. 이런 방식에는 크게 세 가지의 장점이 있다. 첫째는 팀장의 일이 줄어들고, 둘째는 팀원들의 능력을 향상시킬 수 있고, 마지막으로 팀원들이 어떤 문제로 고민하고 있는지를 파악하기가 쉽다.

신중하게 고려해야 할 또 하나의 영역은 팀에 어떤 수준으로 행정적 지원을 하느냐이다. 극단적일 경우 유능한 사람들을 다수 고용하여 문서작성, 출장 일정 짜기, 그리고 그 밖의 잡다한 일들을 직접 하도록 하는 경우도 있다. 반대로 고액 연봉을 받는 핵심 직원에게 그런 잡일을 하도록 하는 것은 얼빠진 짓이라는 입장이 있을 수 있다. 개인적으로는 유능한 지원 인력을 두면 비용 대비 효과가 높다고 생각하지만, 지원 수준이 떨어진다면 없는 것이 낫다고 생각한다.

# 컨설턴트의 고용

경영 컨설턴트는 팀 외부에서 고용하는 편이 좋다.

◆ 외부의 관점이 필요할 때.
팀장과 팀원들은 근거없는 가정에 의존하여 의사결정
을 하기도 하는데, 이때 외부인이라면 쉽게 문제를
제기할 수 있다. 또 외부인은 감정적으로 잘 연루되
지 않기 때문에 팀장과 팀원의 열정과 균형을 맞춰
줄 수 있다.

◆ 특정한 기술을 일시적으로 투입하고 싶을 때.
예를 들어 팀이 아직은 낯선 분야에서 새로운 비즈니
스 기회를 개척하고 싶다면, 이 기회를 성공적으로
활용할 수 있을지를 파악할 때까지는 새로운 분야에
대한 경험을 갖고 있는 마케팅이나 판매 관련 컨설턴
트를 고용하면 유용하다.

권한을 위임하는 것은 팀장의 업무를 줄이는 주된 방법 중의 하나이다. 또 팀장의 취약한 영역을 보완해주는 중요한 방법이다.

우선순위가 낮은 일은 과감하게 포기하거나 뒤로 미루어야 한다. 또 팀이 원활하게 과제를 수행하기 위해서는 중요한 업무에 순위를 매겨야 한다.

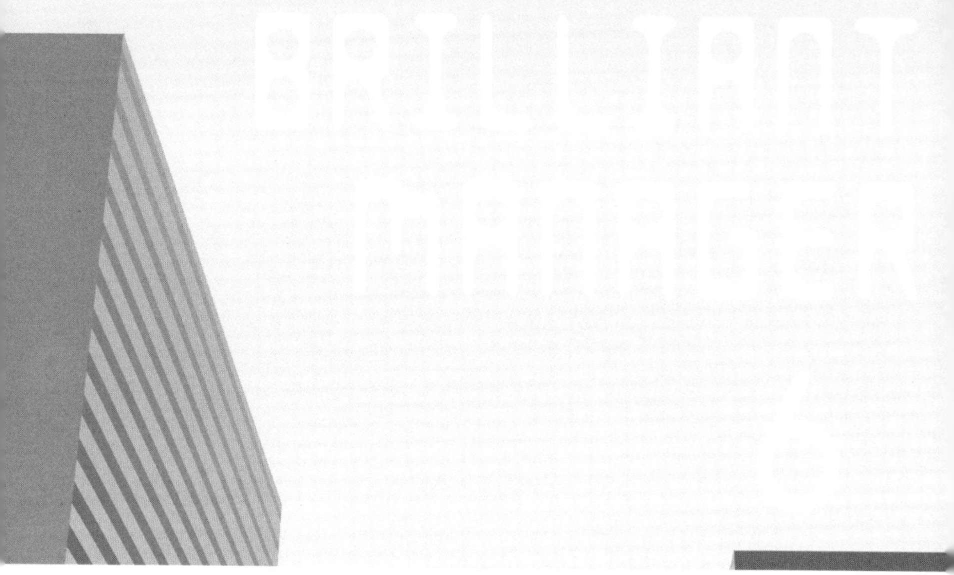

# 비즈니스 관리

팀장이 팀의 손익에 대해 재정적인 책임을 갖고 있지 않다고 하더라도 고객에게 상품을 제공하고, 앞으로 상품을 어떻게 개발하는가에 대해 상당한 영향력을 갖고 있을 것이다. 비록 비즈니스맨처럼 사활이 걸린 문제에 직면할 가능성은 거의 없겠지만, 비즈니스맨이 기본적으로 알고 있는 기술을 익혀둘 필요는 있다.

지금까지 비즈니스에서 기초적인 실수를 저지르는 팀장들을 많이 보아 왔다. 이를 보면 비즈니스 관리의 기본적인 이론들이 널리 이해되지 못했거나 널리 적용되지 않고 있음을 알 수 있다. 그래서 비즈니스 관리의 기초를 다루는 장을 포함할 필요가 있다고 생각했다.

## 기본으로 돌아가라

마케팅의 기본이 되는 것은 다음과 같은 당신의 팀이 세운 비즈니스 계획이다.

- 현재 판매하는 상품이나 서비스는 무엇이며, 앞으로는 무엇을 판매할 생각인가?
- 목표 고객은 누구인가?
- 경쟁자는 누구이며, 그들은 당신의 비즈니스와 어떻게 경쟁하는가?
- 고객이 나의 상품이나 서비스를 어떻게 인식하기를

원하는가?

- 고객의 마음 속에 당신을 어떻게 인식시킬 것인가?
- 고객이 당신의 상품과 서비스를 다른 경쟁자의 것과 어떻게 구별하는가?
- 서비스의 가치는 어떻게 정하는가?
- 고객이 당신의 상품이나 서비스를 어떤 경로를 통해 처음 접하는가?

이 문제들 다음으로는 고객 서비스를 향상시켜 충성도가 높은 고객을 확보하고, 높은 고객 만족도를 유지하며, 비즈니스를 망칠 가능성이 있는 시장 변화들을 주목하고, 변화에 대처하고, 리스크를 관리하는 등 많은 일들이 기다리고 있다.

그러나 우울해할 필요는 없다. 아무것도 없는 상태에서 비즈니스를 시작하는 것이 아니기 때문이다. 오히려 이미 어느 정도 성장 가능성을 보이는 비즈니스를 관리할 확률이 높다. 이번 장에서는 아무것도 없는 상태에서 비즈니스를 시작하는 게 아니라, 기존의 비즈니스를 더욱 키울 수 있는 방법을 설명하겠다.

# 상품 포지셔닝과 마케팅

우선 알아야 할 핵심 원칙이 몇 가지 있다. 첫 번째는 직관과 반대로 가는 것이다.

## 시장이 작고 목표가 집중되어 있을수록
## 상품이나 서비스를 마케팅하기가 용이하다

상품이나 서비스를 규모가 큰 시장을 타깃으로 개발하는 것보다, 상품을 특정 시장의 요구에 정확히 들어맞게 특화할수록 마케팅은 용이해진다. 또한 경쟁자들로부터 시장을 지키기도 더 쉽다. 이런 접근 방식의 가장 큰 장점은 경쟁자들과 가격 경쟁을 하지 않아도 된다는 점이다. 이처럼 강력하고 차별화된 상품 포지셔닝이 더 많은 이익을 남길 수 있다.

## 상품이나 서비스에 대한 고객의 인식은 매우 단순하다

먼저 여기서 주목해야 할 것은 고객의 인식이 중요하지, 상품이나 서비스의 실체가 중요한 것이 아니라는 점이다. 고객이 잘못 인식하고 있다고 아무리 불평해도 소용이 없다. 결국 이런 잘못된 인식이 자리잡게 되는 것은 당신이 했던 행동이나 하지 않은 행동 때문이다. 따라서 이런 인식을 바꿀 책임도 당신에게 있다.

둘째, 고객의 마음을 사로잡을 수 있는 간단한 단어와 표현들을 기획한 다음, 상품, 서비스, 선전이나 홍보를 간단 명료하고 이해하기 쉽게 강조할 수 있어야 한다. 이때 가장 일반적으로 저지르는 실수는 너무 복잡한 상품 포지셔닝에 기초하여 비즈니스를 하는 것이다.

### 상품 포지셔닝은
### 고객이 얻을 수 있는 혜택을 중심으로 이루어져야 한다

여기서도 자주 실수가 일어난다. 상품의 포지셔닝은 기술적인 특징이 바탕이 되어 이루어져서는 안 된다. 그보다는 고객이 상품이나 서비스를 이용했을 때 얻을 수 있는 혜택이 강조되어야 한다. 어떤 때에는 상품의 특징과 고객이 얻는 혜택이 매우 밀접하게 관련될 경우도 있다. 예를 들어, 밸브가 16개인 자동차 엔진은 그와 유사한 배기량을 가졌지만, 밸브가 8개 짜리인 엔진보다 훨씬 더 강한 것은 사실이다. 그러나 고객이 어디에 가치를 두고 있는지 알아낸 다음, 안전이라는 고객의 요구를 충족시켜 준다고 광고하는 것이 효과적이다.

예를 들어, 일본의 자동차 제조업이 크게 성공한 이유는 자동차에 대한 고객의 요구를 충족시켜 주었기 때문이다. 또한 볼보의 경우도 안전이라는 측면에서 고객의 요구를 충족시켜 줌으로써 크게 성공할 수 있었다.

**상품이나 서비스의 포지셔닝은 고객의 관점에서 생각하라**

앞에서 말하는 혜택이란, 상품이나 서비스의 특징 중에서 고객이 가치를 두는 특징을 일컫는다. 경영 전문가들은 고객에게 가까이 다가가야 한다는 말을 수도 없이 반복하는데, 사실 상품 포지셔닝에 관해서 만큼은 이들의 말이 절대적으로 옳다. 이를 아주 잘 보여주는 일화가 있다.

어떤 세탁기 수리업체가 수리 기술자들이 고객의 요구에 대응하는 시간을 줄이기 위해 매우 많은 투자를 했다. 얼마 후 마케팅 담당 직원이 고객에게 설문지를 돌렸는데, 고객 불만족의 가장 큰 요인은, 수리 기술자들이 제 시간에 도착하지도 않고 늦을 때에는 늦는다는 전화도 하지 않는 점으로 밝혀졌다.

## 브랜드 명칭은 대단히 중요하다

사실 고객의 인식은 단순하기 때문에 상품이나 서비스에 붙이는 명칭들이 매우 중요할 수 있다. 브랜드 명칭은 고객이 당신의 상품이나 서비스에서 지각하는 신뢰를 요약해서 보여준다. 하지만 당신은 상표등록에 관해 크게 신경을 쓰지 않을지도 모른다. 당신이 사용하는 상표가 기존에 등록된 상표이거나, 기존의 인터넷 도메인과 겹치지 않는지 반드시 확인해야 한다.

이때 고려해야 할 점은 상품이나 서비스의 상표명에 집중할 것인지, 아니면 팀의 명성을 높이는 데 이용할 것인지를 결정하는 것이다. 일반적으로 팀의 명성을 높이기 위해 브랜드를 구축하는 것은 추천할만한 방법이 아니다. 왜냐하면 기업들이 조직을 자주 개편하기 때문에 팀의 이름이 오래 지속되지 않을 확률이 높기 때문이다.

## 브랜드 확장의 남용을 주의하라

브랜드 확장 또는 브랜드 라인의 확대란 성공적인 브랜드 명칭을 이용해 새로운 상품이나 서비스의 판매를 시도하는 것을 말한다. 이런 브랜드 확장의 위험을 충분히 이해하려면 마케팅 교재를 다시 읽어야 한다. 그러나 간단하게 설명하자면, 브랜드 확장은 상품이나 서비스 포지셔닝 시에 초점을 좁혀야 하는 기본 원칙에서 크게 벗어난다.

브랜드 확장은 매우 흔히 저지르는 실수이다. 기존의 상품이나 서비스를 바탕으로 새로운 비즈니스 기회를 개발하는 것이 비즈니스의 관행이기 때문이다. 예를 들어 기존의 상품과 유사하면서 새로운 고객층에게 어필할 수 있는 새로운 상품을 개발하고 싶다고 가정해 보자. 이런 상황에서는 기존의 상품이 갖는 명성을 활용하여 새로운 상품에 "즉각적인 신뢰감"을 주고 싶을 것이다. 그러나 새로운 상품은 새로운 정체성을 창조해 내는 것이 가장 효과적이다. 또한 현재의 브랜드 명칭이 갖는 가치가 손상을 입을지도 모르는 위험을 무릅쓸 만큼 새로운 상품이 얻는 이익이 큰지도 따져봐야 한다.

### 정직함은 매우 효과적인 마케팅 도구이다

상품이나 서비스의 초점을 좁게 잡으면 경쟁자와 자신을 매우 명확하고 긍정적으로 구별할 수 있다. 동시에 당신의 상품이 적절하지 않을 수도 있다는 것을 고

객들이 인식할 가능성도 있다. 그런데 상품이나 서비스
의 한계가 공개적으로 인식되면, 상품구매 문의는 확실
한 구입의사를 가지고 있는 고객들로 이루어질 것이다.
그러면서 상품의 긍정적인 특징이 갖는 신뢰도를 높일
수 있다.

### 가격 할인을 마케팅의 도구로 활용하지 마라

더 많은 상품이나 서비스를 판매하기 위한 수단으로
가격을 내리고 싶은 유혹을 떨치기가 쉽지 않다. 당신
의 비즈니스가 경쟁자들과 뚜렷하게 차별화되어 있지
않다면 가격은 고객의 마음을 끄는 핵심 요소가 된다.
그러나 고객이 상품이나 서비스를 구매함에 있어서 가
격이 구매 결정의 최대 요인이 아닐 경우, 가격을 내리
기 전에 신중히 고려해야 한다.

하지만 마케팅은 대담해야 한다. 고객의 인식이 워낙
단순하고 사람들의 관심을 끌기가 어렵기 때문에 소심
한 마케팅 전략은 있느니만 못하다.

**표준화된 비즈니스 플래닝 기법들을 활용하되,**
**기본을 잊어서는 안 된다**

전형적인 MBA 코스에서 배우는 내용을 넘어서는 많은 교재들이 있다. 이런 교재들 중에서 최소한 하나를 골라 SWOT(Strengths, Weaknesses, Opportunities, Threats: 강점, 약점, 기회, 위험) 분석이나 보스턴 매트릭스(Boston Matrix: 사업 포트폴리오 분석 기법) 등 상품 판매에 필요한 기초적인 비즈니스 플래닝 기법들을 익혀라. 어떤 형태의 분석법이든 비즈니스의 영감을 줄 것이다. 그러나 기초적인 기법들만 적용하고 막상 비즈니스의 성공에 반드시 필요한 상품 포지셔닝이나 마케팅에 관한 깊이 있는 분석은 피하고 싶은 유혹에 빠지기도 쉽다.

## 전략과 플래닝

이 섹션은 "행운을 잡아라"라는 부제를 붙여도 무리가 없을 것이다. 지금까지 자신이 관련된 일 중에서 성공적인 결과들을 한번 살펴보자. 그중에서 의도적으로 계획한 것이 몇 개나 되며, 적절한 것이 적절한 시기에 적절한 장소에 있었기 때문에 성공한 경우가 얼마나 되는지 생각해 보자.

필자는 상세하게 수립한 계획이라도 예측 불가능한 일이 일어나면 쓸모가 없게 된다고 생각한다. 이렇듯 장기 계획을 수립하는 것이 헛수고가 될 가능성이 크지만, 장기 전략을 수립하는 것은 매우 중요하다.

장기 전략은 과연 얼마나 중요할까? 쉽게 말하면 장기 전략은 다양하게 발생할 수 있는 상황에 신속하고 재치 있게 대처할 수 있도록 도와준다. 그 결과 비즈니스에 도움이 되는 기회를 잡을 수 있게 해 준다.

예를 들어 당신의 비즈니스에 새로운 기술을 포함시키기 위해 핵심기술을 확대하는 전략적 결정을 내렸다고 가정하자. 그런데 이때 새로운 기능을 구축할 수 있도록 누군가가 자금을 제공하려 한다면, 장기 전략이 수립되어 있을 경우 재빨리 그 기회를 잡을 수 있다.

또 다른 예로 새로운 틈새시장 영역에 진출하는 결정을 내렸다고 하자. 장기 전략을 세워 놓았을 때는, 이 틈새시장에서 훌륭한 고객을 잡을 수 있는 기회가 생길 경우 거기에 전력투구할 수 있다. 이처럼 행운이란 "행운의 상황을 알아채고 그것을 잡는 것"이다.

좋은 전략을 수립하는 것은 창조적인 일이다. 대개 경험이 많은 팀장이 경험이 적은 팀장보다 훨씬 더 잘한다. 이 기술을 배울 수 있는 방법은 자신 앞에 나타나는 모든 새로운 기회들을 전략적인 관점에서 평가하는 것이다. 기회를 평가함에 있어서 기존의 전략이 도움이 되지 않을 경우, 현재의 전략에 어떤 요소를 추가하면 되는지 고려해야 한다. 이런 식으로 전략도 시간과 함께 개선되어 나간다.

전략이란 대개 위험 상황을 알아차리고 거기에 대처하기 위함이라기보다는 기회가 왔을 때 그것을 평가하는 데 더 효과적이다. 비즈니스 리더의 핵심 역할 중의 하나는 팀의 비즈니스가 장기간 유지되도록 하는 것이다. 이렇게 하기 위해서는 외부적 환경에 의해 발생하는 변화들 중에서 팀의 생존을 본질적으로 위협하는 것들이 무엇인지 파악할 수 있어야 한다. 가장 위협적인 상황은 조직 내의 권력 구조가 변화하거나, 상품이나 서비스를 판매하는 시장이 근본적으로 변화할 때이다.

전략은 조직 내부의 역학관계에 대한 이해를 통해 조

정된다. 그러기 위해서는 항상 내부의 움직임을 주시해야 한다. 필자 개인적인 생각으로는 이런 역학관계를 방어하는 최고의 대비책은 조직 내에 의미 있고 가치 있는 강력한 비즈니스를 확립하는 것이다.

한편 시장에서 일어나는 잠재적이고 파괴적인 변화들을 감지하려면, 시장의 흐름에 대한 폭넓은 이해가 필요하다. 가장 좋은 방법은 시장 활동의 주체를 파악하고 업계의 간행물들을 두루 읽는 것이다.

만약 자신이 속한 비즈니스 영역에 열정적인 관심을 갖고 있다면 굳이 별도로 시간을 할애할 필요도 없다. 열정적으로 관심을 가질 수 없을 때에는 팀 내에 시장을 관찰하는 담당자를 두고 위협적인 변화에 대한 분석에 귀를 기울인다. 물론 본인이 직접 시장을 관찰하더라도 팀 내의 다른 사람들의 의견을 듣는 것이 좋다.

시장의 파괴적인 변화에 신속히 대처하지 못해 생사가 갈린 팀이나 비즈니스는 많다. 시장의 관찰을 소홀히 하면 돌이킬 수 없는 결과를 맞게 될 것이다.

# 비즈니스 전략 수립

비즈니스 전략의 내용은 무엇을 말하는가? 다음의 여섯 가지 연관된 사항을 바탕으로 전략을 수립하라고 추천한다. 즉 상품 포지셔닝, 팀 능력, 팀 조직과 절차, 외부 환경, 외부 환경과의 연결고리, 위험 분석이다. 또 이 항목들의 주요 변화에 초점을 맞추라고 조언하고 싶다. 관리의 또 다른 중요한 원칙은 다음과 같다.

"한 번에 너무 많은 것을 수행하지 마라."

경쟁업체보다 뛰어난 몇 가지의 기능을 바탕으로 해서 상품이나 서비스를 특화할 수 있다고 이미 지적한 바 있다. 이는 당신의 전략에 당신 자신을 어떻게 적용할 것인가를 설정하기 위한 도전이 될 수 있다. 쉽게 설명하자면 한 번에 너무 많은 것들을 변화시킬 수 없다는 것이다. 다행히 현실적인 비즈니스 전략을 종이에 적어보면 한두 장에 불과할 것이다.

### 상품 포지셔닝

상품 포지셔닝은 발전시키고 싶은 상품이나 서비스의 주요 변화들에 관한 것이다. 이는 현재의 상품이나 서비스를 다른 것과 차별시키고 경쟁력 있게 발전시키는 것을 말한다. 이는 현재 당신이 제공하고 있는 것과 밀접하게 관련된 새로운 상품이나 서비스가 될 수도 있다. 또 드물기는 하지만 현재의 기술로 계획할 수 있는 전혀 새로운 상품의 경우가 될 수도 있다.

고객을 기반으로 한 주요 변화 중에서 당신이 추구할 수 있는 것은 무엇이 있을까? 가격을 할인하고 판촉을 강화하거나, 유통 구조를 개선함으로써 현재의 고객 기반을 넓힐 수 있을 것이다. 또는 기존의 서비스를 새로운 유형의 고객에게 판매할 수도 있을 것이다. 이밖에 또 새로운 유형의 고객을 끌기 위한 현재의 상품이나 서비스를 조정할 수도 있을 것이다.

### 팀의 핵심 능력

팀의 핵심 능력들을 어떻게 변화시키고 싶은가? 핵심 능력은 팀이 가진 활용 가능한 지식과 전문기술을 말한다. 예를 들어 건축회사는 새로운 유리 구조의 디자인에 대한 지식이나 전문기술을 보유하고 있을 것이다. 소프트웨어 설계 회사는 철도의 신호 체계를 설계할 수 있는 전문기술을 보유하고 있을 것이다. 만약 이 회사들이 팀의 능력에 변화를 주고 능력을 개발하려면 어떻게 해야 할까? 예를 들어 소프트웨어 설계 회사는 철도 산업과 연계하여 승강장에 고객 안내 시스템이 표시되도록 연결해 주는 소프트웨어를 개발할 수 있을 것이다.

### 팀 조직과 절차

비즈니스 전략의 다양한 양상들은 상호 연관되어 있다. 그리고 전략의 여러 요소들을 달성하기 위한 최선의 방법은 조직이나 프로세스를 변화시키는 것이다. 예를 들어 회계 담당자를 지정하거나, 고객 불만에 신속히 대응할 수 있는 절차를 만드는 것이다.

### 외부 환경과 그 연결고리

시장의 비즈니스에 영향을 미칠 수 있는 조직 외부의 주요 변화에는 어떤 것들이 있을까? 여기에는 기술, 경쟁업체, 규정과 법규의 문제, 인수합병 그리고 주요 고객들이 있다.

앞에서도 언급했듯이, 바로 이 항목에서는 팀을 파괴할 수 있는 변화들을 찾아내기 위해 항상 관찰해야 한다. 이런 파괴적인 변화들은 거의 예측하기 어렵기 때문에 기존의 또는 새로 등장한 경쟁자들이 먼저 파악하고 대응하기 전에 대처하는 것이 중요하다.

많은 팀장들은 바로 이 부분을 간과하기 쉽다. 이 부분에서는 다음 영역들에 대해 잘 고려해야 한다.

- 외부 조직, 또는 자신이 속한 조직의 다른 부서에 공통의 목표 하에 제휴할 만한 조직이 있는가? 여기서 말하는 외부 조직이란 부품 등을 공급하는 업체, 협력업체, 동업자, 동업자 조합 등이 있다.

- 상품이나 서비스를 판매할 때 활용할 수 있는 외부 채널.

- 외부 지식의 원천. 여기에는 출판물, 컨설턴트의 보고서, 시장 조사(출판된 것, 의뢰한 것 그리고 직접 조사하여 얻은 것), 팀의 접촉자를 활용한 네트워킹, 전시나 회의 또는 세미나 등의 참여, 회사의 데이터 베이스 등이 있다.

- 언론사와의 연결, 광고, 자신이 속한 조직의 PR과 홍

보부서와의 연결.

### 리스크 분석

비즈니스 전략에서 필요로 하는 '변화' 자체가 위험일
수 있다. 전략에서 강력한 목표를 설정하면 동기부여는
된다. 하지만 그 목표에 도달하지 못했을 때는 어떤 문
제가 생길까? 극단적인 경우 당신이 수립한 전략이 "팀
의 운명을 도박에 거는" 꼴이 되어 실패하면 팀이 해체
될 수도 있다.

상황이 절망적이면 거기에 맞는 극단적인 행동을 취
해야 한다. 전략 중에서도 이 부분에서는 전략의 위험
과 혜택을 비교하고, 둘의 균형을 이룰 수 있도록 해야
한다.


## 위협과 기회에 대한 대응


이미 많은 경영 전문가들이 점점 빨라지는 비즈니스
의 속도를 강조하고 있다. 생산 사이클은 짧아졌고, 고

객의 기대 욕구는 높아지고, 기술의 변화는 안정적이던 비즈니스 주체들을 불안정하게 만들고 있다. 결국 전문가들은 빠른 의사결정 구조를 갖고 있는 조직들이 유리하다는 뻔한 결론을 내린다.

### 신속히 반응하지 못하는 이유는 머리 속에 있는 생각 때문이다

그렇다면 새로운 기회나 위협이 확인되었을 때 팀장들이 여기에 즉각적으로 대처할 수 있을까?

새로운 상황에 대응하려고 하면 연쇄적인 문제들이 불가피하게 일어난다. 핵심 직원들을 이동시켜야 하고, 기존의 방식들은 뒤로 밀려나거나 아예 버려야 할 때도 있다. 쉽게 말해 상황에 대응하면 대응할수록 그만큼 일이 더 많아지는 것이다. 팀장은 "시스템 때문에 대응하기가 어렵다"고 변명하고 싶은 유혹을 느끼겠지만, 실제로 모든 문제는 머리 속에서만 존재한다.

일이 잘못 되어갈 때에는 상황이 얼마나 빨리 악화될 수 있는지에 대해 과소평가하기 쉽다. 이때 과민하게 반응한다고 해서 피해를 보는 경우는 거의 없다. 그러나 충분하고 신속하고 강력하게 대처하지 못할 경우 돌이킬 수 없는 손실을 입을 수 있다는 것을 기억해야 한다.

### 냉정하고 단호하게, 하지만 공정성을 잃지 마라

냉정하게 행동해야 할 때가 반드시 있을 것이다. 이런 상황에서 흐지부지해서는 안 된다. 최대한 강하고 빠르게 부딪쳐서 상대가 쓰러지면 발로 걷어차라! 인정 사정 없는 약육강식의 상황에서는 잡아먹어야지 먹혀서는 안 된다.

이런 충고를 통해 독자들이 단호한 행동을 취하기 전에 신중하게 고려한다면 다행이다. 즉 적에게 상처를

당신은 종종 나쁜 뉴스에 민감한 반응을 보일 필요가 있다.

입힌 다음 내버려두면 매우 위험하다는 뜻이다. 그러나 적을 완전히 제압하더라도 훗날 이들이 복수할 기회를 엿볼 수도 있다. 따라서 냉정하고 단호하게 대응해야 하지만 공정해야 한다. 공정하게 싸워서 상대를 이겼다면 문제가 없지만 비열하게 싸워서 승리하면 상대는 반드시 복수를 노릴 것이다.


## 비즈니스 절차의 관리

### 통제 장치는 신중하게 선택하라

『경영 언어』에서의 통제 장치란 '풀기'와 '조이기' 체계에서 '조이는' 양상이다. 실제 비즈니스에서는 몇 가지의 측면만 선택적으로 강하게 통제하는 것이 좋다. 강하게 통제해야 할 부분은 운영비용, 프로젝트 점검, 자본 지출이 있다. 이때 무엇을 선택할 것인가에 대한 정석은 존재하지 않는다. 다만 자신의 비즈니스, 조직의 규율, 문화 등을 고려하여 알맞은 통제 장치들을 선택해야 한다. 이때 직원들은 이 통제 장치를 문자 그대로 받아들인다는 점을 알고 있어야 한다. 그렇지 않으면 예상치 못한 결과가 초래될 수 있다. 예를 들어 보너스나 보상의 경우 신중하게 결정하지 않으면, 직원들의 행동에 왜곡된 영향들이 나타날 수도 있다.

### 톱 다운 절차는 분명하게 정의된 과제에 적절하다

톱 다운 절차(상부에서 조직의 말단까지 잘 통제된 절차)를 활용하려면 업무를 실행하기 전에 상세하게 계획을 세워야 한다. 반면 말단에서 올라오는 절차는 과제를 조금 시도해 본 다음 파악된 지식을 활용하여 과제의 다음 부분을 계획하는 데 사용한다. 전자의 경우 충분히 알려진 과제를 수행할 때 효과적이고, 후자는 무언가를 처음 시도할 때 적합하다. 또 상부에서 말단까지 통제된 절차는 예측하기가 쉽기 때문에, 팀장들이 더 편하게 느끼는 경향이 있다. 그러나 분명하게 규정되지 않은 과제를 수행할 때에는 효과가 없다.

### 팀의 규모가 커지면 절차가 무너질 수 있다

팀의 규모가 커지면 자연스럽게 불연속성이 생긴다. 약 5명으로 이루어진 팀의 경우, 서로가 무슨 일을 하고 있는지 알고 있기 때문에 형식에 크게 구애받지 않는다. 그렇기 때문에 적은 인원의 팀에서는 중간관리 계급을 두지 않고도 일을 할 수 있다. 모두가 서로 알고 있고 팀에서 일어나는 일도 다 파악하고 있기 때문이다. 그러나 팀이 20~30명 이상으로 불어나면 팀장이 팀의 모든 활동을 직접 관리하지 않아도 될 수 있도록 팀을 조직해야 한다. 팀의 규모가 커지면, 현재의 조직 구조나 절차가 더 이상 팀을 감당할 수 없다는 것을 전제로 절차를 다시 설계해야 한다.

팀의 규모가 커짐으로써 발생하는 불연속성은 대개 다른 경영 불연속성들과도 겹친다. 예를 들어 상품이나 서비스 중 하나가 갑자기 주도적 시장에 진입할 경우, 비즈니스의 중요한 문제뿐만 아니라 갑자기 팀의 규모가 확대되는 문제도 함께 다루어야 한다. 이런 식으로 하나의 문제에 수반되는 또다른 문제들도 함께 다루어야 하는 것이다.

그런데 작은 회사들은 이런 불연속성을 성공적으로 다루지 못하는 경우가 많다. 만약 당신이 보다 큰 조직에서 일하고 있다면 지원 체계가 급성장하는 과정을 통해서 팀을 지원하게 될 것이다. 이런 상황에서는 새로운 규모나 새로운 비즈니스 기회에 적합한 관리 구조를 계획하고 인력을 배치하는 것이 최우선 순위를 차지한다. 그렇지 않을 경우 필연적으로 팀은 원래의 계획을 수행하지 못하게 될 것이다.


## 재무, 법률 그리고 협상

최소한의 전문 지식이 필요한 분야가 네 가지 있는데, 그것은 법률, 규정, 재무 그리고 협상이다.

팀장으로서 당신은 법률과 규정을 다른 사람의 문제라고 무시해서는 안 된다. 팀장인 당신이 서명하는 모든 법률 문서들을 잘 이해하고 있어야 한다. 동시에 비즈니스가 법률적으로 어떤 잠재적인 위험에 노출되어 있는지를 파악하고 있어야 한다. 만약 조직에 고문 변호사가 있다면 수강할만한 강의가 없는지 문의하고, 조직에 문서 형태로 된 자료가 구비되어 있다면 활용하는 것이 좋다. 이와 더불어 건강과 안전, 차별과 반독점법 등에 관한 규정도 알고 있어야 한다.

이 같은 법률이나 규정에 관한 문제들은 당신의 비즈니스나 커리어를 망칠 수 있기 때문에 충분히 이해하고 위험을 통제할 수 있어야 한다.

또 팀장은 자신의 팀이나 프로젝트의 재무 상황을 파악하고 있어야 한다. 재무의 기본에 관한 강의는 주변에서 쉽게 찾을 수 있으며, 아마도 회사에서도 적절한 강의를 추천해 줄 수 있을 것이다.

팀장은 팀의 활동을 위해서 대차대조표의 기본이 되는 개념들 또한 이해하고 있어야 한다. 팀의 재무 상태를 모르는 것은, 마치 제트기를 안개가 짙게 깔린 산 속에서 저공으로 그것도 계기판도 없이 비행하는 것이나 마찬가지다. 치명적인 결과를 낳을 수 있는 상황인 것이다. 이는 팀장의 업무 중에서 매우 따분한 부분이기도 하지만, 실행하지 않았을 때의 결과를 생각한다면 소홀히 해서는 안 되는 일이다.

마지막으로, 팀장은 팀을 대표해서 협상도 해야 한다. 하다 못해 조직 내에서 더 많은 자원을 분배받기 위해서라도 협상에 능해야 한다. 협상 기술에 대한 좋은 강의도 쉽게 찾을 수 있는데, 아직 한 번도 수강해 보지 않았다면 지금 당장 책을 내려놓고 등록하라!

# 알고, 행동하고, 말하라

## 80 대 20법칙(파레토 법칙)

이른바 80 대 20의 법칙은 "대부분의 비즈니스 문제들은 균등하게 분포되어 있지 않다"는 진실을 요약하고 있다. 예를 들어 일반적으로 회사 수입의 80%가 20%의 고객으로부터 비롯되며, 고객 불만의 80%도 고객의 20%에게서 비롯된다. 모든 비즈니스의 80%는 직원의 20%가 핵심적인 역할을 하며, 직원 관리 시간의 80%는 전체 직원의 20%에게만 사용된다. 현명한 팀장들은 이 같은 파레토의 법칙Pareto's Law을 이해하고 여기에 맞게 우선순위를 조정한다.

## 우물을 더 많이 파라

파레토의 법칙이 새로운 비즈니스 기회에도 적용될 수 있음을 인식하는 것은 현명한 일이다. 일반적으로 비즈니스의 80%는 실패하며 오로지 20%만이 수익을 창출한다. 심지어 수익을 얻은 20% 내에서도 파레토의 법칙이 다시 적용될 수 있는데, 수익을 낸 20% 중에서도 20%

만이 진정한 수익을 낼 수 있다. 이런 높은 실패율을 고려할 때, 여러 개의 비즈니스를 최소한의 비용으로 시작한 다음, 좋은 결과를 얻을 수 있는 것에 자원을 집중하는 것이 좋다.

"우물을 더 많이 파라"는 제목은 진실 여부를 알 수 없는 어느 한 이야기에서 인용한 것이다. 두 정유회사의 탐사 활동을 비교한 것인데, 두 회사 모두 정유 탐사에 비슷한 자금을 투입하고 있었다. 한 회사는 구멍을 파기 전에 실행하는 지질학 조사에 많은 돈을 썼다. 반면 다른 회사는 지질 조사에 시간과 비용을 덜 사용한 대신 그 돈으로 시추구를 많이 팠다. 결과적으로 구멍을 더 많이 판 회사가 석유를 더 많이 찾을 수 있었다.

우물을 더 많이 파는 것은 대부분의 비즈니스 기회들이 실패할 것이라고 이미 인정하고 있는 것이다. 그러므로 이 기회들이 실패할 경우에 대비하여 소요될 비용과 불리한 점을 미리 분석하고, 이런 부정적인 결과를 최소화할 수 있도록 관리해야 한다. 일이 실패했을 경우를 미리 분석하는 것은 비즈니스를 선택할 때 매우 효과적인 방법이 된다. 다음에서 이 점을 더 살펴보자.

## 때로는 거절하는 것이 수락하는 것보다 더 중요하다

비즈니스 전략이 필요한 이유 중의 하나는 자기 앞에 다가온 기회를 거절할 수 있게 하기 위함이다. 쉬워 보이는 비즈니스 기회를 거절한다는 것은 어려운 일이다. 하지만 자신의 전략과 맞지 않는 비즈니스를 추구하다 보면, 막상 자신의 전략과 잘 맞는 비즈니스 기회가 왔을 때 방해가 된다. 결국 쉬운 비즈니스는 기회가 아니라 하나의 장애물인 셈이다.

## 굳이 손을 뻗을 이유가 있는가?
## 낮게 열린 열매부터 따면 된다

매혹적이지는 않지만 비용 대비 수익이 높은 기회가 있음에도 불구하고, 왜 사람들은 막대한 자원을 위험한 벤처에 투자하는지 알 수 없다. 나의 의문에 대한 답은 매혹적이라는 단어의 그릇된 신념에 있는 것 같다.

낮게 열린 열매 중에서도 가장 쉽게 지나치는 것은 현재의 고객들에게 추가로 상품이나 서비스를 판매할 수 있다는 잠재력이다. 현재의 고객들의 경우 상품을 판매한다는 1차 관문을 이미 통과했기 때문에, 쉽게 추가적인 판매가 가능할 경우가 많다. 현재의 고객을 잃는 것은 새로운 고객을 얻는 것보다 훨씬 더 쉽다는 사실을 기억해야 한다. 그러므로 기존의 고객들을 관리하는 데 투자하라.

### 예상치 못한 상태에서 불쾌한 일을 당하게 하지 마라

여기서의 중요한 말은 "예상치 못한 상태"에서이다. 일이 잘못되어 가고 있을 때에는 언젠가는 다시 좋아질 것이라는 희망만을 갖지 말고, 고객에게 상황을 최대한 신속하게 알려 주어야 한다. 대개 상황이 더 악화될 경우가 많기 때문이다. 미리 상황을 알게 된 고객들은 문제를 해결하기 위한 합리적인 협상을 잘 수용하는 편이다. 비즈니스 관리의 즐거움 중의 하나는 바로 바른 길이 대부분 가장 현명한 길이라는 점이다. 고객이 당신을 신뢰할 때에는 모든 일이 훨씬 더 쉬워진다.

### 주장은 약하게, 약속의 이행은 강하게

판매 계약을 체결하거나 화가 난 고객을 달래려다 보면, 가능한 한 최고로 빠른 배달시간을 제시하거나 소요될 추가비용을 최대한 적게 잡으려는 유혹에 빠지기 쉽다. 그러나 이런 유혹을 견뎌내야만 한다. 장기적으로 보았을 때 만약의 사태에 대비하여 적당히 불려서 가격을 책정한 다음, 약속보다 더 적은 비용으로 계약을 이행하는 것이 가장 현명한 대처 방법이 될 것이다. 대부분의 경우 판매를 통한 작은 손해에 비해, 평판이 높아짐으로써 얻는 장기적인 이익이 훨씬 더 높다.

물론 이런 충고는 단기적으로 손해를 보아도, 장기적으로는 이익을 낼 수 있을 정도로 충분히 비즈니스가 정착되었을 때 한정된다. 고객으로부터 입에 장미를 물고 발가벗은 상태로 길에서 춤을 추라는 요구를 받고 "무슨 색깔의 장미를 물까요?"라고 대답해야 할 상황에 처한 리더들이 아주 많을 것으로 확신한다.

### 문제는 종종 기회일 경우가 많다

대부분의 고객들은 판매자가 실수할 수 있다는 점을 알고 있다. 이때 중요한 것은 실수를 어떻게 다루느냐이다. 실수를 다루는 방식에 따라서는 오히려 고객과의 관계가 더 긴밀히 발전하는 기회가 되기도 한다.

### 현장에 있는 사람들과 대화를 나눠라

현재의 비즈니스를 가장 잘 확인할 수 있는 방법은 고

객들과 직접 대면하는 현장의 직원들과 대화를 나누는 것이다. 현장에 있는 직원들은 기존의 고객들에게 추가로 상품이나 서비스를 판매할 수 있는 가능성을 알고 있을 가능성이 높기 때문이다. 또 이들은 고객의 마음 속에 있는 "뜨거운 화제거리들"이 무엇인지를 알고 있을 가능성도 높다. 이는 비즈니스에 파괴적인 영향을 미치거나 반대로 기회를 제공하는 새로운 시장흐름의 지표가 되기도 한다.

**과거를 바탕으로 유추하는 것과,
미래를 추측하는 것에는 한계가 있다**

경험이 많은 팀장이 갖고 있는 장점 중의 하나는 "예전에 시도했을 때 안 된 걸로 보아 이번에도 안 될 거야"라고 유추해낼 수 있다는 점이다. 그러나 지금은 상황이 변했을 수 있기 때문에 과거의 경험을 바탕으로 현재의 상황을 유추하는 것은 위험할 수 있다. 필자가 속한 정보통신 분야만 보아도 "과거에 이런 저런 일에 성공했던 적이 없다"고 말해 놓고, 막상 컴퓨터 기술은 "이런 저런 일"도 가능한 상태까지 발전했다고 하는 경우를 흔히 볼 수 있다.

현재의 동향이 미래에도 유지될 것이라고 추측하기는 쉽다. 예를 들어 연간 25%의 성장률을 보인 시장을 보고, 그런 동향이 계속 이어질 것이라고 무의식적으로 추측하는 것이다. 그런데 막상 추측한 대로 되지 않았음에도 비즈니스가 너무 확장되어 버린 사태에 직면하게 될수도 있다. 따라서 시장이 변하는 조짐이 있는지 없는지항상 유심히 관찰하고, 그런 조짐이 발견되면 (과민)반응을 할 준비를 해야 한다. 모든 투자는 시장의 변화에입각하여 고려되어야 한다.

## 비즈니스의 다각화를 조심하라

작은 팀들은 하나의 비즈니스에 모든 것을 거는 경우가 많다. 그래서 다른 영역으로 비즈니스를 다각화하는쪽으로 마음이 쏠릴 수도 있다. 그러나 비즈니스의 다각화는 일반적으로 마케팅의 집중도를 떨어뜨리는 경향을갖고 있다. 그래서 가장 잘 알고 가장 친숙한 비즈니스를 고집하는 것이 좋을 경우가 많다. 비즈니스의 다각화는 당신의 핵심 능력을 새로운 시장에 적용하는 방식으로 모색되어야 한다.

# Summary

------------ 요약

비즈니스 관리에서 가장 중요한 것은 상품이나 서비스가 단순명료한 개념으로 고객들에게 인식될 수 있도록 해야 한다는 것이다. 즉 당신의 상품이나 서비스가 경쟁자의 것과 확실하게 구별되어야 하는 것이다.

전략은 비즈니스에 도움이 되는 기회들을 파악할 수 있도록 수립하는 것이 좋다. 또 바람직한 전략은 추구해서는 안 될 기회를 선별해 내는 데도 도움을 준다.

적절한 시점에서 "아니오"라고 말할 수 있는 것은 비즈니스에서 "할 수 있다"는 철학을 갖는 것만큼이나 중요하다.

팀장이라면 비즈니스의 외부 환경을 살피는 시간을 따로 가져야 한다. 그렇게 함으로써 비즈니스가 위험에 빠질 수도 있는 파괴적인 변화들을 미리 발견해 낼 수 있어야 한다. 여기서 말하는 변화란 기술적인 변화를 포함한 여러 가지 위협, 인수합병을 통한 새

로운 경쟁자의 출현, 법규의 변화 등도 포함된다. 이
런 변화의 조짐들을 포착하면 새로운 위협에 대응하
기 위한 강력하고도 신속한 준비를 해야 한다. 가장
중요한 것은 이런 위협들을 기회로 활용할 수 있어야
한다.

파레토의 법칙

◆ 수익의 80%를 가져다 주는 20%의 고객을 찾아내고 유
지할(최대한 친절한 방식으로) 수 있도록 투자하라.

◆ 새로운 비즈니스 기회의 80%는 적자를 낸다. 따라서 새
로운 비즈니스 기회가 성공이 담보되기 전까지는 비용
을 철저히 관리해야 한다.

마지막으로, 매혹적이지는 않지만 낮게 달려 있어 따
기 쉬운 열매들을 무시해서는 안 된다. 자신의 핵심
비즈니스에서 자연스럽게 확장시켜 나갈 수 있는 것
부터 확대시켜야 한다.

» 알 리스AI Ries와 잭 트라우트Jack Trout의 공저 〈마케팅 불
변의 법칙The 22 Immutable Laws of Marketing: Violate
Them at Your Own Risk(십일월 출판사 번역 출간, 1994)〉
: 마케팅과 브랜드의 기초를 소개하는 짧고 읽기 쉬운 책이
다.

» 알 리스AI Ries와 로라 리스Laura Ries의 공저 〈브랜딩 불변
의 법칙 22 The 22 Immutable Laws of Branding(예하출판 번
역 출간, 1999)〉
: 브랜드 관리에 관해 짧고 읽기 쉽게 소개한 책이다.

» 리처드 G. 셀Richard G. Shell의 〈우위를 선점하기 위해 흥
정하는 법: 합리적인 사람들을 위한 협상 전략들Bargaining
for Advantage: Negotiation Strategies for Reasonable
People〉
: 좋은 협상 전략들을 실용적이고 포괄적으로 알려주는 책
이다.

» 제프리 A. 무어Geoffrey A. Moore의 〈캐즘 마케팅Crossing the Chasm: Marketing and Selling High-Tech Products to Mainstream Customers(세종서적 번역 출간, 2002)〉

» 제프리 A. 무어Geoffrey A. Moore의 〈폭풍 속으로: 실리콘 밸리의 최첨단 마케팅 전략들Inside the Tornado: Marketing Strategies from Silicon Valley's Cutting Edge〉
: 첨단 산업에서 일하는 사람들을 위한 필독서. 이 책의 아이디어들은 첨단 산업이 아니더라도 연관성이 있는 것들이 많다.

# BRILLIANT
# MANAGER
# 7

## 조직 관리

지금까지 내가 말한 것들은 실제로 내가 실행해온 것들이다. 그러나 이번 장에서는 "내가 실제로 실행했던 것들을 따르지 말고 그 경험을 통해 얻은 교훈을 따르라"고 제안하고 싶다. 많은 전투로 상처투성이가 된 어떤 팀장이 갖은 고생 끝에 얻은 경험들을 제시하려는 것이다.

# 팀원의 팀장 관리

## 감정적인 대응은 자제하라

당신의 팀장이 아무리 멍청하고, 의욕을 떨어지게 만들고, 모순적이고, 인색하더라도 침착해야 한다. 감정적이 되면 끝장이기 때문이다. 사실 당신이 일을 잘 하는 사람이라면 열정적인 성격의 소유자일 가능성이 높다. 그러나 조직 내에서 다른 사람들을 대할 때에는 감정이 아닌 지성에 의존해야 한다.

대부분의 조직에서 당신의 상사는 중간 팀장에 속할 것이다. 중간 팀장들은 J.R.R. 톨킨이 창조한 어떤 세계(톨킨이 왜 굳이 자신의 세계를 '중간계'라고 불렀겠는가?)보다도 초현실적인 세계에서 살아간다는 사실을 기억해야 한다.

대부분의 중간 팀장들은 조직 전체의 전략적인 방향성에 관하여 당신보다 특별히 더 아는 것이 없다. 그러면서 상부에서 구상해 낸 마법의 절차들을 수행하기 위해 노력하며 평생 동안 살아간다. 그러니 이들에게 화를 낼 필요가 없다는 얘기다. 또 당신을 화나게 하는 것

감정적으로 행동하지 마라.

이 팀장의 탓이 아닐 확률도 높다. 그러나 마술을 부리는 대부분의 사람들이 그러하듯 팀장들도 매우 위험할 수도 있다는 점을 명심해야 한다.

### 사람의 권위를 위협하지 마라

회사의 권력자들은 자신의 권위에 대한 노골적인 도전을 좀처럼 용인하지 못하기 때문에 거칠게 대면하는 일을 피하면서 목표를 이룰 수 있어야 한다.

## 좋은 팀은 자연스럽게 위협적으로 느껴진다

큰 조직 내에서 작은 팀으로 일할 때 가장 우울한 사실 중의 하나는 자신의 팀이 잘 할수록 조직 내의 다른 사람과 다른 팀에게 위협적으로 느껴진다는 점이다. 이런 문제는 단순히 위협적으로 느껴질 만한 행동을 피하는 것만으로는 해결되지 않는다. 한 걸음 더 나아가서 잠재적으로 위협으로 느낄 가능성이 있는 사람들에게 친근하게 다가가는 방법밖에 없다. 가장 쉬운 방법은 다른 사람들이 당신의 성공에 참여하고 기여했다고 느끼도록 만드는 것이다. 위협으로 느낄 만한 사람이나 팀들에게 조언이나 도움을 구하는 것도 좋은 방법이다.

## 무슨 일이 있어도 그만두겠다고 위협하지 마라

핵심 직원들의 위협에 굴복해서는 안 된다고 충고했듯이, 회사를 그만두겠다고 위협하는 것은 결코 갈등을 해결하는 방법이 되지 않는다.

하지만 정당화하거나 변호할 수 없는 입장에 처하는 상황도 발생할 수 있다. 이럴 때에는 그만두어야 한다. 불행히도 이런 상황에 놓이면, 순리대로 조용히 받아들이는 것이 좋다.

## 음모보다는 대부분이 단순한 실수일 경우가 많다

조직이 당신과 당신의 팀을 골탕먹이려 한다고 확신하기는 쉽다. 그러나 내 경험에 따르면 음모보다는 실수의 연발로 그런 상황에 직면하는 경우가 훨씬 더 많다.

대개 조직 내의 커뮤니케이션은 매우 부족하다. 그러나 고개를 돌릴 때마다 음모를 꾸미는 것처럼 느껴지기 시작한다면, 상사나 그밖에 음모를 꾸미는 것으로 생각되는 사람들과 대화를 나누는 것이 가장 좋다. 일단 대화를 할 때에는 최대한 긍정적인 자세로 대하라고 충고하고 싶다. 그냥 평범한 조직의 무능력 때문에 발생한 상황일 가능성이 높기 때문이다.

또 팀원들에게도 앞서 말한 관점을 계속 지적해 주는 것이 좋다. 분명히 팀 내에 음모론자가 존재할 수도 있다. 이들 때문에 전체적인 분위기가 반항적으로 될 수 있으므로, 당신은 팀을 차분하게 가라앉힐 수 있어야 한다.

중간 팀장들, 인사부 팀장들, 회계사들, 변호사 등이 실제로 나쁜 사람인 경우는 많지 않다. 어려운 상황에서 최선을 다하려고 할 뿐이다. 당신이 먼저 관대해지

고, 팀도 이런 관대함을 유지하도록 이끌어 가는 것이
중요하다.

### 이길 수 없거나 노력만큼의 가치가 없는 싸움은 아예 시작하지 마라

당신의 팀은 회사의 모든 '체계'가 팀의 사기를 떨어
뜨리기 위한 것이라고 믿는 경향을 보일지도 모른다.
물론 아래에 설명하고 있는 정교한 방법으로 막아야 할
진짜 위협도 발생할 것이다. 그러나 이길 수 없거나 싸
울만한 가치가 없는 문제들도 많을 것이다. 모든 것이
그렇지만, 한꺼번에 감당할 수 있는 일에는 한계가 있
다. 그러므로 이길 수 없거나 진정으로 팀의 사활이 걸
려있지도 않은 상황에 당신과 팀의 노력을 허비할 필요
는 없다.

예를 들어 내가 속해 있던 조직이 팀에 ISO 9001 품질
관리 절차를 투입했을 때, 공식 보고서의 표준 형식을
팀원들이 별로 선호하지 않는 형식으로 지정했다. 그리
고 보고서를 작성할 때에도 특정한 워드프로그램만을
사용하도록 명령했다. 그러자 팀원들은 한 사람도 빠짐
없이 팀장인 내가 이 계획안에 대해 적극적으로 반대해

주길 원했다. 그러나 나는 첫째, 우리가 질 것이며 둘째, 이겨야 될 문제라면 이것말고도 더 중요한 것들이 많다고 솔직히 말했다. 팀원들의 불평은 있었지만 결국 내 의견이 받아들여졌다.

### '자유 권한' 이론

이 이론을 설명할 수 있는 방법은 여러 가지가 있다. 그런데 내가 속해 있던 조직의 최고 경영자가 매우 좋은 정의를 내려 주었다.

"허락을 받는 것보다 용서를 구하는 것이 더 쉽다"

대부분의 조직들은 낮은 단계의 팀장들에게 얼마나 권한이 위임되어 있는지 모른다. 또 많은 조직이 권한을 위임하라는 말을 긍정적으로 받아들이기 때문에 당신에게 도움이 될 것이다. 그러므로 당신의 방식대로 해 나가면 된다.

그러나 한편으로는 대부분의 조직들이 기본적으로 비난의 문화를 갖고 있기 때문에 일이 잘못되면 팀장이 비난을 받는다. 따라서 비난을 받는 것에 신경을 쓸 것인지 아니면 전혀 개의치 않을 것인지를 결정해 두는 것이 좋다. 단지 팀을 위해 일을 잘 하고 싶다면 자연스럽게 주어진 권한을 적절히 활용하라고 조언하고 싶다. 심리학적으로 도움이 되는 좋은 방법은 상대가 당신을 비난할 때 그 비난에 수긍하는 모습을 보이는 것이다. 머리를 조아리는 사람을 계속 비난하기도 어려울 뿐 아니라 재미있지도 않기 때문이다.

내가 조직의 자유 권한을 사용하라고 강력하게 주장하는 경우는 조직에 승인을 요청하고 싶지 않을 때이다. 예를 들어 팀원이 회사가 규정하고 있지 않은 영역에서 승인을 요구할 때, 어느 정도 정당한 요구라면 허락해 주는 것이 좋다. 대부분의 경영자는 조직에 법적인 의무로 작용하는 결정 권한을 가지고 있지만 조직전체에 전례가 될만한 결정을 내리는 일은 꺼려한다. 이런 경우 팀징이 직접 결정을 내리고 책임을 질 때 조직도 훨씬 더 바람직한 방향으로 나아간다.

### 도움이 필요할 때

어떤 조직적 절차나 지시에도 현장에서 응용 해석할 여지는 있다. 이는 원래의 절차나 지시에 당신 고유의

해석이 개입될 수 있다는 것을 의미한다.

인사부나 회계 부서 등 다른 부서를 다룰 때에도 규정된 범위를 벗어난 일을 할 수 있는 방법을 묻는 등, 이들이 갖고 있는 "전문가라는 허영심"에 호소하는 방법도 좋은 전략이다. 전문가로서 자부심을 갖고 있는 사람의 도움을 청할 때에는 이들이 현장에서 응용할 수 있는 방법을 알려 줄 확률도 높다.

또한 어떤 특정한 사람과 좋은 관계를 발전시키면 그 사람이 속해 있는 부서와 일을 하는 방식도 크게 달라진다. 사람들을 예의바르게 대하면 이런 좋은 관계를 형성할 수 있다. 예컨대 일을 잘 완수했을 때 고맙다는 말을 해 주는 식이다.

### 지원 인력들의 문화를 활용하라

비서 등 온갖 다양한 지원 인력들은 정보의 중요한 원천이 되며 많은 도움이 된다. 앞에서 팀원들에게 예의를 지키며 행동하라고 조언했는데, 이를 팀 밖의 사람들까지 확대한다면 이런 지원 인력들의 문화에 접근하기가 매우 쉬워진다. 비서나 지원 인력들과 자주 대화를 나누는 것은 정보 수집에도 좋다. 당신도 이들이 종종 당신을 도와주거나 반대로 방해할 수 있는 힘을 갖고 있다는 사실을 느낄 것이다.


## 보너스와 목표

이는 매우 위험한 주제이다. 팀원들은 당신이 이루려고 하는 목표가 있다는 사실을 알고 있을 것이다. 또 이들은 그 목표가 일의 성과를 평가하기 위한 조잡한 기준이라고 의심할 것이며, 실제로 맞는 경우가 많다. 동시에 팀원들은 팀장이 보너스를 얻기 위해 과도하게 행동한다고 의심할 것이다.

### 팀에게 팀장의 목표와 보너스를 알려 줘라

팀원들의 의구심을 해소할 수 있는 가장 좋은 방법은 완전하고 솔직하게 행동하는 것이다. 또 팀장의 목표를 최대한 달성하여 높은 곳에 있는 사람들을 계속 행복하게 해 주는 것이 가장 현명한 방법이다. 비록 그런 목표들이 대개 조잡한 것도 사실이지만, 대부분의 경우 다른 중요한 성과를 손상시키지 않으면서 목표에 도달할 수 있다. 만약 목표에 도달하려는 과정에서 손해를 보는 일이 발생할 것 같다면 팀원들과 의논하여 다른 중요한 요소들의 균형을 잡아 주어야 한다. 아무리 경영자가 우둔하다 하여도 조직의 목표를 무시할 수는 없는 것이다.

3장에서는 팀의 사교적인 행사를 주최하는데 보너스의 일부를 사용하라고 조언했다. 팀장이 받는 보너스는 결국 팀원들의 노력 때문에 받는다는 사실을 기억해야 한다.

이 장에서 가장 중요한 메시지를 네 가지만 정리해 보자.

상사들을 감정적으로 대하면 안 된다. 열정은 리더에게 있어 매우 좋은 개성이지만 팀 외의 조직과 일을 할 때에는 절대로 좋은 것이 아니다.

조직 내의 '자유 권한'을 활용하라. 사전에 허가를 얻으려 하기보다 이벤트 후에 사과하는 것이 더 현명한 방법이다.

조직의 절차에서 현장에서 응용할 수 있는 여지를 찾아라. 무엇보다도 조직 내의 다른 부서들과 좋은 관계를 형성해야 한디. 특히 회계 부서, 계약이나 법률을 다루는 부서 그리고 인사 부서 등과는 좋은 관계를 유지해야 한다.

보너스와 관련해서는 팀원들의 의구심이 해소될 수 있도록 솔직하게 행동해야 한다.

» 톰 디마르코Tom DeMarco와 티모시 리스터Timothy Lister의 〈피
플 웨어Peopleware: Productive Projects and Teams(매일경제신
문사 번역 출간, 2003)〉

: 이 책은 소프트웨어 분야의 생산성에 관한 도발적인 연구서
이다. 사무실 편의시설의 효과에 관한 한 지금까지 참고한
책 중에서 최고이며, 가장 흥미로운 책이다.

» 톰 피터스Thomas J. Peters와 로버트 워터먼Robert H. Waterman
의 〈초우량 기업의 조건In Search of Excellence: Lessons from
America's Best-Run Companies(더난 출판사 번역 출간, 2005)〉

: 〈성공하는 기업의 8가지 습관(김영사 번역 출간)〉과 유사한 책
으로 1982년에 처음 출판된 유명한 경영서이다. 이 책에서 제
시하는 예제들은 이미 시대가 지났지만 기업 문화에 대한 기
본적인 분석은 아직도 유효하다.

# BRILLIANT MANAGER

## 8

# 경영의 핵심 주제들

# Key Management Themes
# 8

경영을 지탱해 주는 것에는 몇 가지의 핵심 주제들이 있다. 그중의 일부는 앞 장에서 이미 다루었다. 이번 장에서는 핵심 주제들을 전체적으로 살펴보겠다.

## 전체적인 조화

이 책에서는 경영과 관리를 각각 분리해서 설명하고 있지만 모든 것을 전체적으로 고려할 수 있어야 한다.

당신의 리더십 스타일은 당신이 창조하는 문화와 조화를 이루어야 한다. 팀의 문화는 자신이 속한 업계, 그리고 상품이나 서비스를 구매하는 고객들과 맞아야 한다. 그런가 하면 당신의 비즈니스는 팀의 능력과도 잘 맞아야 한다. 팀의 구성과 절차는 팀의 문화 및 비즈니스와 맞아야 한다. 그뿐만 아니다. 팀의 문화는 조직 전체의 문화와 어울려야 한다. 채용 절차도 문화나 비즈니스 요구와도 어울려야 한다. 이밖에도 더 많은 것들을 언급할 수 있다. 이런 요소들을 잘 관리할 수 있느냐에 따라 유능한 팀장과 단지 좋은 팀장이 구분된다.

## 경영의 황금률

"팀장의 개인적인 행동이
곧 팀이 따라야 하는 모범이 된다"

이 황금률의 중요성은 아무리 강조해도 부족하지 않다. 아무리 말을 그럴듯하게 해도 아무리 행동을 그럴듯하게 해도 소용없다. 팀장이 강력한 원칙에 기초하여 행동할 때 황금률의 위력은 발휘된다.

## 원칙과 정직

경영은 자신이 갖고 있는 권한을 활용하여 무언가를 변화시키고 싶을 때 보다 쉬워진다. 또 옳고 그름에 대한 확실한 관점을 갖고 있을 때 쉬워진다. 행동의 기초가 되는 강력한 근거를 갖고 있다면 자연스럽게 행동할 수 있으며, 그에 따라 당연히 일관성 있게 행동할 수 있을 것이다.

나는 리더십에 대한 장에서 팀장들이 바람직한 태도를 연기(演技)하는 것도 좋다고 조언한 바 있다. 그 이유는 내 개인적인 경험에 의하면 '올바른 행동'이 거의 항상 가장 현명하기 때문이다. 실제로 이런 믿음을 근거로 경영하는 성공적인 사람들을 많이 볼 수 있었다.

상황에 따라 무엇이 옳은지를 판단하기가 어려운 경우가 많기 때문에 원칙을 갖고 있다는 것은 매우 중요하다. 『경영의 황금률』을 강조하지 않더라도 원칙에 따라 행동하는 팀장들은 반드시 존경을 받는다. 또 팀장이 지성에 기반해서 행동한다고 해서 팀원들이 팀장을 덜 존경하는 것도 아니며, 심지어는 더 존경하게 되는 경우가 많다.

## 곧은 길을 택하라

정직함을 다른 말로 하면 "곧은 길을 가는" 방법이라고 할 수 있다. 이는 경영에 어려운 문제가 생겼을 때 큰 도움이 된다. 사람들의 동기나 반응을 확신할 수 없을 때에는 단지 옳은 일을 하겠다는 원칙적인 관점에서 행동하는 것이 좋다.

여기에는 세 가지의 큰 장점이 있다. 첫째, 이런 방식은 다른 더 정교한 전략만큼이나, 아니 오히려 대부분의 경우 그보다 훨씬 더 효과적이다. 둘째, 정직하게 경영할 경우 나중에 자신의 행동을 변호하기도 용이하다. 사람들은 보통 정직한 사람을 대할 때는 자신도 정직하게 행동하기 때문이다. 마지막으로 모든 일이 잘못되더라도 최소한 옳은 일을 하려고 했기 때문에 마음의 위안을 얻을 수 있다.


## 원칙과 열정

강한 원칙을 가진 팀장들은 대개 자신이 이루려는 것

에 대해 매우 열정적이다. 대부분의 상황에서 이런 열정은 팀장의 긍정적인 속성이 된다. 팀에게 동기를 부여할 때에도 매우 강한 자극이 된다. 그러나 이렇게 강한 원칙을 갖고 있는 열정적인 팀장들도 경계해야 할 측면이 있다. 냉정한 팀장이라면 충분히 침착하게 행동할 수 있는 상황이라도 열정적인 팀장은 감정적이 되기 쉽다. 이렇게 반드시 침착하게 대응해야 할 때가 있다. 예를 들어 손실을 줄여야 하거나 상사와 대면할 때가 그런 경우이다.

## 양극단의 관리

팀장들은 가끔 의연함과 열정이라는 양극단을 달리면서 상황을 관리해야 한다. 제7장에서는 유능한 팀장들이 상황을 적절히 판단하면서, 열정과 초연함이라는 양극단을 활용하는 방법에 대해 설명했다. 즉 상황에 따라 신속하고 강력하게 대응해야 하는가 하면, 반대로 점잖게 무시함으로써 상황을 관리해야 할 때가 있는 것이다. 팀 문화에서 마케팅, 그리고 사람 관리까지 거의 모든 영역에서 팀장은 양극단의 입장을 취하게 될 경우가 있다. 결국 소심한 사람은 팀장이 되기 어려운 법이다.

## 냉정한 용기

모든 면에서 훌륭한 팀장들이 자주 저지르는 실수 중의 하나가 팀원들에게 너무 친절하다는 것이다. 그러나 지나친 친절은 현실에서 오히려 좋지 않은 결과를 초래할 수도 있다.

예를 들어 팀 내에서 오랫동안 기대 이하의 성과를 내는 팀원을 계속 데리고 있기로 결정하는 것은 언뜻 보기에는 친절해 보일 것이다. 하지만 대부분의 사람들은 모두 일에서 인정을 받고 싶어하기 때문에, 기대 이하의 성과를 내는 사람은 스스로도 행복을 느끼지 못한다. 그 사람은 자신이 몸담고 있는 팀과 맞지 않거나, 현재의 업무에 재능이 없기 때문에 성과를 내지 못하는 것일 수도 있기 때문이다.

이런 사람들은 팀 전체의 장기적인 생존에 위협이 된다. 팀 내의 다른 사람들도 이들의 부족한 점을 채우기 위해 점점 더 압력을 받게 되어 결국 모든 사람들을 불행하게 만들 수 있다. 친절함이란 사실 용기의 부족이라고 볼 수도 있다.


## 존중, 공정함 그리고 예의


"냉정하다"라는 단어는 대개 사람들의 마음 속에서 "냉정한 놈"이라는 표현과 연관된다. 이 책에서는 어떤 상황에서 양극단의 행동을 보이라고 권하고 있다. 그런 한편 이런 극단적인 행동에서 일관성을 갖고 공정하게, 남을 존중하고, 예의를 지켜야 하는 의무도 있음을 주장하고 싶다. 이런 냉정한 용기는 옳을 뿐 아니라, 비즈니스적으로도 현명하다고 생각된다. 예의 바르게 요구할 때와 무뚝뚝하게 명령을 내릴 때의 결과는 전혀 다르다. 공정함과 일관성을 보인다면 공포를 조성하지 않고서도 냉정한 행동을 적절히 활용할 수 있을 것이다.

## 판단력

이 책에서 제시하는 행동 방식을 따른다면 팀원들의 존경을 받는데 큰 도움이 될 것이다. 그러나 존경을 받는 방법 중에서도 아직까지 언급하지 않은 하나가 있다. 바로 판단력이다. 유능한 팀장이 되려면 좋은 결정을 내릴 수 있어야 한다. 아무리 팀장으로서 원칙이 있고 예의가 바르고 일관성이 있다 해도, 가장 중요한 것은 일을 잘 해야 한다는 것이다. 일을 잘 하는 팀장이 되려면 뛰어난 판단력이 필수적이다. 만약 당신에게 판단력이 없다면 다른 사람에게 피해를 덜 줄 수 있는 다른 직업을 찾아보는 것이 좋다.

## 건강의 위험

대부분의 팀장들이 얼마나 극단적인 압력 속에서 일하고 있는지 여러 번 언급한 바 있다. 이런 압력의 결과로 오랜 시간 동안 일하게 될 위험이 있다. 필자 역시도 이런 함정에 빠진 적이 있다. 오랜 시간 동안 일하는 습관에서 마침내 벗어났을 때, 잦은 야근이 다음과 같은 결과를 낳았다는 사실을 깨달을 수 있었다.

- 너무 피로해서 판단력이 약화되었다.
- 점점 더 비효율적으로 일을 하게 되며, 오히려 근무 시간을 줄이자 더 많은 일을 끝낼 수 있었다.
- 실수를 너무 자주 저질렀다.
- 커뮤니케이션이나 전략 수립 등의 필수적인 활동을 할 수 없었다.
- 거절할 수 있는 능력을 잃었고, 그 결과 감당할 수 없을 정도로 많은 일을 하게 되었고, 많은 회의에 참석해야 했다.
- 팀에게 좋지 않은 사례를 보이게 되어 팀도 나와 유사한 근무 습관을 갖게 만들었다.
- 성격이 신경질적이고 변덕스러워졌다.
- 가정생활에 큰 타격을 받았다.

만약 당신이 늦게까지 근무하는 습관을 갖고 있다면, 한번 실험을 통해 근무 시간을 줄여보고, 상황이 개선되는지 알아보는 것이 좋다.

## 파레토의 법칙

80 대 20의 법칙은 팀장의 업무 중에서 거의 모든 면에 적용할 수 있다. 그러나 불행히도 우선순위를 결정할 때 이런 법칙은 무시되기 쉽다. 사람들이 흔히 빠지는 함정은 바로 신선하고 매력적인 문제에만 너무 집중하고, 막상 월급을 벌어주는 지루한 업무는 무시하는 것이다. 새로운 고객도 중요하지만 현재의 고객을 유지하는 것이 더 중요하다는 것을 기억해야 한다. 기존의 상품 라인을 확대하고, 현재의 고객들에게 먼저 판매하고, 맡고 있는 업무의 우선순위나 중요도가 높든 낮든, 모든 직원들을 공정하게 대해 주어야 하는 것이다.


## 집중하고, 집중하고 또 집중하라

좋은 결정을 내릴 때 가장 중요한 기술 세 가지는 첫째도 집중, 둘째도 집중, 셋째도 집중이다. 많은 관리 업무 중에서도 당신은 오로지 몇 가지의 일만 달성할 수 있다는 사실을 알아야 한다. 예를 들어, 상품의 포지셔닝에는 경쟁력이 있고 차별화를 할 수 있는 단 몇 가지의 사항만 포함할 수 있다. 그리고 비즈니스 전략도 한 해에 몇 가지만 완성할 수 있다. 또 팀 문화는 몇 가지의 극단적인 관점을 갖고 있을 수 있으며, 상사들과의 싸움에서도 몇 번만 이길 수 있을 뿐이다.

## 강점을 활용하라

팀장들이 흔히 저지르는 실수는 이상적인 상황을 달성하기 위해 노력한다는 것이다. 현실에서는 자신이 보유하고 있는 자원을 활용하여 결과를 이끌어내야 한다. 자신에게 취약한 분야를 마치 잘 하는 척해도 실제로는 아무 소용이 없다. 따라서 어떤 분야에 재능이 있는 사람이 있다면 그에게 업무를 이양하는 편이 낫다.

팀을 조직할 때에도 이미 보유하고 있는 직원들을 중심으로 팀을 구성해야 한다. 비즈니스 전략을 개발할 때에도 현재의 상품이나 서비스가 현재 갖고 있는 강점, 현재 보유한 직원들이 갖고 있는 전문성, 그리고 현재의 고객을 바탕으로 이루어져야 한다. 또한 직원들은

당신이 까다로운 사람이라고 떠벌리는 것은 바보같은 짓이다.

각자의 능력을 최대한 발휘할 수 있는 업무에 배치해야
한다.


## 위임한 업무의 통제 수준

대부분의 팀장들은 권한 위임의 중요성을 잘 알고 있
지만, 막상 권한을 제대로 위임하는 방법은 잘 모른다.
팀장은 어떤 업무를 누구에게 위임할 것인지 선택하고,

위임한 업무에 대한 통제 수준에 관하여 논의하고 결정하는 과정에 대해서도 앞에서 설명했다. 사람들이 자신과 다른 방식으로 일할 수도 있도록 내버려두고, 그들이 실수를 통해서 배울 수 있도록 해야 할 필요성은 아무리 강조해도 지나치지 않는다. 그러나 그런 이유 때문에 권한 위임이 팀장에게 있어서 매우 어려운 결정이 된다. 팀장은 세세한 것까지 통제하지 않으면서도 전반적인 통제권을 놓치지 않아야 한다. 팀원들을 세세하게 관리하지 않고서도 일을 추진할 수 있도록 신뢰하지 않는 한, 그들은 팀장의 신뢰를 얻을 수 있을 만큼 자신감과 경험을 쌓지 못할 것이다.

## 사람들의 인식이 현실이다

마케팅 분야에서 일하는 사람이라면 이 격언을 잘 이해할 것이다. 하지만 이 말은 팀장의 모든 행동에도 적용할 수 있다. 팀원들에게 불공평하다는 인식을 심어주면, 실제로는 그렇지 않더라도 불공정한 사람으로 대접을 받게 될 것이다. 그래서 팀장은 항상 팀원들의 인식에도 신경을 써야 한다. 다른 사람들이 그릇된 인식을 갖고 있다며 남을 탓하는 실수를 저질러서는 안 된다.

고객, 팀원, 조직 내의 다른 집단들, 공급 업체 그리고 협력자들의 말에 귀를 기울이고, 자기 자신, 자신의 팀 그리고 팀의 상품이나 서비스가 어떻게 인식되고 있는지 들어 보아야 한다. 사실 일방통행식으로 대화하는 팀장들은 얼마든지 찾아볼 수 있다. 팀장 개인 그리고 팀 모두가 다른 사람의 말에 귀를 기울이는 법을 배워야 한다.

## 비난 문화가 생길 것에 대비하라

매우 흔함에도 불구하고, 막상 팀장이 받아들이려고 하지 않는 인식 중의 하나가 자신의 팀에 비난 문화가 정착되어 있다는 인식이다. 그러나 비난 문화가 생기는 것을 피하기 위해서는 많은 노력이 필요하다는 점을 이해하면, 그런 인식을 받아들이기가 훨씬 더 쉬워진다. 명예롭게 실패한 직원에게 보상해 줄 용의가 있는가? 사람들이 직접 결정을 할 수 있도록 권한을 부여한 다

비난 문화가 생기지 않도록 팀원들과 자주 대화를 나눠라.

음, 일이 잘못 되었을 때 상사들의 비난을 당신은 기꺼이 받아들일 수 있는가? 나쁜 소식을 알려주는 사람을 진심으로 고맙게 생각할 수 있는가? 비난을 섞지 않고도 건설적인 비평을 제기할 수 있는가? 그럼에도 불구하고 비난 문화가 형성되지 않았다고 확신할 수 있는가?

팀이 성과를 얻기 위해 매진하고, 계산된 위험을 무릅쓰고, 변화와 도전을 기꺼이 받아들이길 원한다면 반드시 비난 문화의 형성을 피해야만 한다.

# 문제의 대부분은 머리 속에서만 존재한다

"해야 할 일"은 대부분이 "실제로 해낼 수 있다"는 사실을 알아야 한다. 조직, 고객, 팀원 그리고 인사부 중에서 어느 누구도 당신을 막지 않는다. 해당 문제와 팀장으로서 내릴 결정이 가져올 연쇄 효과들을 다 감당할 수 있다면, 대부분의 경우 시도하고 싶은 일은 시도할 수 있다.

# 다양성을 높이 평가하라

어떤 팀장들을 보면 팀원들이 명령에 무조건 복종하는 복제 인간이라면 행복해 할 것 같다는 생각을 한다. 하지만 좋은 팀을 주지하려면 팀장으로서 활용할 수 있는 온갖 다양한 재능을 가진 다양한 사람들을 보유하고 있어야 한다. 창의적인 사람들, 문장력이 뛰어난 사람, 발표를 잘하는 사람, 검토를 잘하는 사람, 분석가, 프로 정신을 가진 사람들 등 다양한 사람들은 모두 열거할 수 없을 만큼 많이 필요하다. 이런 개성이나 기술을 가진 사람들도 각각 자신만의 문제를 갖고 있으며, 기술이 좋을수록 문제도 극단적인 양상을 보이는 경우가 많다. 유능한 팀장은 자신이 이끌어 가는 팀원들의 다양성과 우수성에 대해 기뻐할 줄 알아야 한다. 또 이렇게 재능이 있는 다양한 사람들이 모였을 때 자연스럽게 발생하는 문제를 다루는 것이 팀장의 중요한 역할이라는 사실도 알아야 한다.

그런데 재능이 뛰어난 사람들이 모이면 자연스럽게 갈등이 빚어진다. 이때 팀장은 팀 내의 다양한 기술과 개성을 가진 사람 모두를 존중하고 있음을 보여주어야 한다. 그러다 보면 『경영의 황금률』에 따라 사람들이 서로를 좋아하지는 않더라도, 최소한 서로의 재능을 존중해 주는 문화를 형성할 수 있다.

## 존중을 받기 전에 존중해 주어야 한다

팀장들은 다양한 분야의 사람들을 관리한다. 그러다 보면 자연스럽게 자신을 노출하게 될 것이다. 이럴 때 당신이 먼저 사람들을 신뢰해 준다면 사람들도 자연스럽게 당신을 신뢰할 것이다. 존경도 마찬가지이다. 다른 사람들이 당신을 존중하기 전에 먼저 다른 사람을 존중해 주어야 하는 것이다. 정직함 역시 다르지 않다. 당신이 정직함을 우선으로 행동하는 모습을 보여주면 사람들도 당신을 정직하게 대할 것이다.

## 겸손

이 장을 마무리하면서 팀장의 자존심이 가져올 수 있는 위험들에 대해 경고하려고 한다. 자신이라면 절대로 하지 않을 일을 다른 사람에게 요구하면 상대방이 좋아할 리 없다. 팀장들은 급격히 변하는 속도와 막중한 압력이 속사포처럼 쏟아지는 세계에서 살다보면 겸손함을 잃기가 너무나 쉽다. 그러나 이때 팀장은 팀의 하인이라는 극단적인 관점도 필요하다.

팀장의 역할은 팀원들이 맡은 업무를 잘 수행할 수 있도록 위에서 떨어지는 허튼 소리도 막아주고, 속 좁은 관료주의와도 싸우고, 계속 돈이 들어오도록 하는 등 좋은 업무 환경을 조성해야 한다. 팀장이 조금 겸손해진다고 해서 손해 볼 것은 결코 없다.

»마크 H. 매코맥Mark H. McCormack의 〈하버드에서도 가르쳐
주지 않는 것들What They Still Don't Teach You at Harvard
Business School(길벗 번역 출간, 1997)〉

: 세상 물정에 밝고 때로는 냉소적인 관점에서 쓰여진 책
이다. 자수성가형 비즈니스맨이 설명하는 비즈니스와 경
영 기술들을 담고 있다.

# BRILLIANT MANAGER 9

## 무엇을 알고,
## 어떻게 행동하고,
## 어떻게 말하는가?

**시나리오 15가지**

Knowing it, Doing it,
Saying it
9

이 책에도 한계는 있다.
이론적으로 경영을 논하기는 쉽지만, 실제 현실에
그것을 적용하기란 훨씬 어려운 법이기 때문이다.
그래서 이론과 현실 사이의 격차를 줄이려는 목적으
로 이번 장에서는 현실에서 일어날 수 있는 상황들
을 여러 가지 제시하고, 그 상황에서 어떻게 대처하
면 좋을지를 설명한다.

이런 상황은 모든 팀장들의 마음 속에 공포심을 불러일으킬 것이다. 우선 A가 처음 주장할 때 그(그녀)에게 해 줄 수 있는 말부터 살펴보자. 여기서 중요한 것은 관계 부서와 조사를 하기 전까지는 지나치게 많은 말을 해서는 안 된다는 점이다. 일이 심각하게 악화되면 당신이 한 말뿐만 아니라 무슨 말을 빼먹었는지도 당신에게 불리하게 작용할 수 있다. 첫 만남에서는 일단 다음과 같이 행동하도록 권하고 싶다.

- ◆ 항의자로부터 최대한 많은 정보를 알아내라. 조용하고 방해받지 않는 곳에서 가능한 한 많은 정보를 얻어내야 한다. 날짜, 실제 오고갔던 말들, 항의자가 주장하는 신체적인 접촉 등에 관해 구체적으로 묻는

다. 이때 무안해 할 필요는 없다. 이런 정보는 항의자의 주장의 진위를 확인하는데 반드시 필요하기 때문이다. 이런 구체적인 질문을 던질 때에는 이상한 사람이라는 인상을 심어주지 않도록 너무 많은 세부 사항까지 캐묻지 않아야 한다.

◆ 항의자에게 회사가 이런 항의를 매우 진지하게 받아들이며, 인사 부서에 알려 즉시 도움을 요청하겠다고 확신시켜야 한다. 그리고 이 항의를 적절히 다룰 수 있도록 회사의 규정을 자세히 살펴보겠다고 안심시킨다.

◆ 항의자에게 팀장이 당장 취해 줬으면 하는 조치가 있는지 묻는다. 조사가 본격적으로 궤도에 오르는데 걸리는 며칠 동안, 지금의 상황을 잘 관리할 수 있는지 점검해야 한다.

다음과 같은 행동을 해서는 안 된다

◆ 항의자의 고통에 대한 유감을 표시할 때에는 "항의가 정당하다는 사실을 받아들인다"고 말해서는 안

된다. B라는 직원이 유죄 판결을 받기 전까지는 무죄라고 인정해 주는 정도의 예의는 보여 주어야 한다 (법률적인 의미에서가 아니라 윤리적인 의미에서).

- 절대로 적개심을 보여서는 안 된다.

- 항의자에게 항의를 취소하도록 설득하지 마라. 동시에 반대로 공식적인 항의를 하도록 설득하는 것처럼 보여서도 안 된다.

- 회사에서 공식적인 절차에 들어가기 전까지는 그 어떤 구체적인 행동도 취하겠다는 약속을 해서는 안 된다.

- 어떤 형식으로든 부적절하다고 오해받을 소지가 있는 행동이나 신체적 접촉 등은 무조건 피해야 한다.

자연히 다음 단계는 회사의 규정이 있을 경우 이것을 살피고 인사부에 알린 다음 조언을 구해야 한다. 분명히 말해 두지만, 규정에 정해져 있는 대로 정확히 따라야 한다. 그렇지 않으면 당신이 비난이나 항의를 받을 수 있다.

일반적인 조언은 이것이 전부이다. 왜냐하면 이런 항의는 각각의 회사의 규정에 따라야 하기 때문이다. 그러나 내 경험에 의하면 팀장이 도움을 줄 수 있는 것은 세 가지이다.

### 가능하다면, 항의자가 어떤 결과를 원하는지 알아내라

이는 보기보다 복잡하다. 어떤 직원들은 그저 성희롱이 멈췄으면 한다. 또 다른 직원들은 B가 다른 사람에게도 피해를 주지 않도록 공식적인 항의를 해야 할 의무가 있다고 느낄 수 있다. 아니면 A가 복수를 원하기 때문에 B가 처벌받는 모습을 보고 싶어할 수도 있다. 또는 A가 어떤 식으로든 배상을 원할 수도 있다. A가 무엇을 원하는지 알아내면 회사가 이 항의를 어떻게 다룰 것인가에 대해 실질적인 해답이 나올 수 있지만, 대개의 경우 회사들은 이런 중요한 정보를 알아내는 데는 실패한다.

### 항의자가 스트레스를 견딜 수 있는지 확인하라

많은 항의자의 경우 항의하는 과정에서 스트레스

를 심하게 받으므로, 이들이 견딜 수 있도록 하는 것이 팀장의 의무이다. 나중에 A는 팀장과 다른 사람이 B의 행동에 제동을 걸어주기를 원할 수도 있다.

#### 고발당한 사람도 공정하게 주장할 수 있도록 보장하라

대부분의 조직들은 의도하지 않게 항의자의 편을 들어주는 경향이 있다. 그러나 당사자에게 불리한 증거들이 제시되지 않는 한 죄인처럼 취급해서는 안 된다.

실패를 겪고 있는 팀을 다시 일으켜 세우기 위해 투입이 되었는데, 막상 팀을 살펴보니 팀의 핵심 직원이 퇴사한 것이 주된 원인이 되어 실패를 거듭하고 있다.

이것 역시도 매우 어려운 문제이다. 문제의 핵심인 창조적 역할이 덜 중요해지도록 팀의 방향을 바꾸지 않는다고 가정할 때, 다음과 같은 방법을 권하고 싶다.

◆ 먼저 팀원들 중에서 떠난 사람의 역할을 맡을 수 있는 잠재력을 가진 사람이 없는지 조사한다.

◆ 그런 사람이 없다면, 그 자리의 후임자를 데려오는 데 회사가 얼마만큼 지불할 수 있는지 알아본다.

◆ 그만둔 직원에게 연락해서 돌아올 용의는 없는지 묻는 것도 괜찮다. 이 직원이 왜 떠났는지 생각해

보라. 그리고 앞으로 상황이 많이 변할 것이라고 말할 수도 있다. 만약 그 사람이 돌아올 용의가 없다면 이 자리에 관심을 갖고 있는 사람을 알고 있는지 물어보는 것도 좋다.

◆ 그 분야에서 이미 인정받고 있는 사람을 채용하려고 애쓰는 것보다는 최근 두각을 나타내고 있는 사람에게 기회를 제공하면 성공할 확률이 더 높다.

◆ 팀 내에서 폭넓은 인간관계를 갖고 있는 사람을 찾아내 잠재적인 후보들과 접촉하도록 하라.

◆ 마지막으로 광고나 헤드헌터를 이용할 수 있다. 이때 광고에서는 창조적인 능력을 오랜 경력만큼이나 중시한다는 문구를 넣고, 제시할 수 있는 급료의 폭을 넓게 잡아라.

고객이 직원에게 불합리한 요구를 하고 있다.

물론 팀원들을 불합리한 요구로부터 막아주기 위해 노력을 하겠지만, 극단적인 경우에 다다르면 고객이 더 중요한지 직원이 더 중요한지를 결정해야 할 경우도 있다. 그러나 현명한 팀장이라면 이런 흑백논리를 미리 피해야 한다.

해당 직원과 대화를 나눠보고 이 불합리한 요구에 대처할 수 있는 방법은 없는지 논의하라. 이때 일종의 뇌물을 조금 사용한다고 해서 나쁠 것은 없다. 고객 문제가 잘 처리되면 휴가를 줄 수 있다는 약속을 하거나, 보너스를 제시하거나, 비금전적인 유인책도 쓸 수 있다.

고객과 이야기를 나눠보고 이들이 더 합리적으로 행동하도록 교묘하게 손을 쓸 수 있다. 예를 들어 "이번 일로 팀원들이 받는 스트레스 때문에 고객님

께 제공하는 서비스의 질이 떨어질까 봐 걱정입니
다. 그 스트레스를 줄일 수 있는 방법은 없을까요?"
와 같은 식이다.

이 어려운 고객과 대면해야 하는 역할을 다른 사
람에게 일임하는 방법도 있다.

직원과 고객 중에서 하나를 선택해야 할 상황에
놓이더라도, 고객의 파워에 따라 선택이 달라진다고
해서 부끄러워 할 필요는 없다. 팀원들은 핵심 고객
과 거래가 끊어질 경우, 손해를 볼 수 있다는 사실을
깨달을 것이다. 그러므로 팀장이 까다로운 고객의
편을 들어도 해당 직원이 받아들일 수 있을 것이다.

**팀원 중 한 명이 "일을 감당할 수 없다"며 팀장에게 불만을 토로한다.**

우선 팀장인 당신에게 직접 와서 불만을 제기할 용기가 있다는 사실에 매우 감사해야 한다. 이런 문제를 처리할 때에는 다른 사람들도 이렇게 용기를 내서 문제를 제기할 수 있도록 하고 단념하게 만들어서는 안 된다.

다음과 같이 세 가지의 가능한 시나리오가 있다.

첫째, 해당 직원은 지금 해야 할 일이 너무 많아 난처한 상황이다. 이때 가장 무난한 해결법은 이 직원의 업무를 살펴본 다음 우선순위를 매겨 주는 것이다. 그런 다음 어떤 일은 단념하거나 다른 사람이 분담할 수 있게 해 준다.

둘째, 이 직원은 자신의 업무를 제대로 처리하지 못하고 있다. 단지 좀더 훈련이 필요할 수도 있지만, 그보다는 자신의 적성에 맞지 않는 업무를 맡고 있을 확률이 높다. 보통 이런 상황에서는 일자리를 바꿔주는 것이 최선의 해결 방법이다.

셋째, 업무가 아닌 다른 무언가와 관련된 지원을 요청하는 신호일 수도 있다. 이때는 진짜 문제가 무엇인지 알아봐야 한다.

팀이 급박한 마감일을 앞두고 있어서 지나치게 오랜 시간 동안 일하고 있다.

이때 도와줄 수 있는 방법은 많다.

◆ 해당 프로젝트를 직접 도우면서 함께 일을 하지 않더라도, 그들과 함께 늦게까지 일하는 것은 가치가 있다. 그러나 이때는 어깨 너머로 계속 감시하기보다는 자신의 일을 해야 한다.

◆ 격려하고 지원해 준다는 분위기를 조성하면 좋다. 예를 들어 모든 팀원들이 잘 먹고 있는지를 확인하고, 당신이 직접 식사를 제공하는 것도 좋은 방법이다. 상사가 팀의 하인처럼 일해 주는 것은 매우 강한 인상을 남길 것이다.

◆ 프로젝트 팀장을 지원하는 역할을 해 주면 좋다. 모두가 일에 전력을 다할 때 나무를 보느라 숲을

보지 못할 경우가 있다. 가끔은 일이 효율적으로 진행되고 있는지를 확인하는 것도 좋다. 또 외부인의 관점에서 활용되지 않고 있는 자원을 전략적으로 활용할 수 있는 방법을 찾아주거나, 사람들이 간과할 수 있는 위험에 대해 조언할 수도 있다.

◆ 사람들이 효율적으로 일을 하지 못할 정도로 피곤해 하면 택시를 태워서라도 휴식을 취하도록 집에 보내야 한다.

◆ 가장 중요한 역할은 마감일을 맞출 수 없다는 것이 분명할 때 합리적인 연장을 위해 의논하는 것이 좋다.

◆ 일이 다 끝났을 때 반드시 멤버들에게 보상과 고마움을 표시하라.

## 지나치게 일을 많이 하는 사람이 있을 때

궁극적으로 일의 양과 우선순위를 정하는 일은 개개인이 알아서 해야 할 문제다. 그런데 만약 일하는 방식이 실수를 너무 많이 저지르거나 지나치게 신경질을 부리는 등 부적절한 행동을 한다면, 너무 과로하지 않도록 해야 한다. 그러나 대부분의 경우는 그런 말이 통하지 않는다.

개인적으로 성공적이었던 방법 몇 가지를 소개하자면, 가끔은 늦은 시간에 사무실을 방문하여 집에 돌아가도록 하는 것도 좋다. 또는 휴가를 내도록 설득할 수도 있다. 대개 이런 사람들은 가족과 하루를 보낼 수 있는 시간이 거의 없기 때문에, 종종 당신이 그들의 일정을 조절해 주면 좋을 것이다.

농담이지만 안전 헬멧을 쓰라고 권하고 싶다. 사실 사무실의 편의시설만큼 직원들이 신경을 쓰는 부분도 없다. 직원들은 물리적인 작업 환경이 생산성 향상과 직장 생활의 질에 매우 중요하다고 생각한다. 그리고 그런 생각은 전적으로 옳다고 볼 수 있다. 또한 덜하기는 하지만 업무의 영역이나 지위에도 감정이 섞이면 잠재적인 폭탄이나 다름없다. 여기에 효과적인 방법 몇 가지를 제시하겠다.

◆ 모든 사람들이 좋아하고 존경하는 어머니나 아버지와 같은 이미지의 직원을 담당자로 임명하면 좋다. 이런 사람은 변화를 통제할 때 대체로 예의 바르게 행동하는 경향이 있다. 또 다른 방법은 당신이 변화를 관리하면서 의사결정에 권위가 실리도록 하는 것이다.

◆ 팀장 개인이 특별히 더 좋은 작업 공간을 갖지 않
도록 하라. 예를 들어 나의 상사가 훌륭한 개인
사무실에서 개방형 공간으로 자신의 자리를 옮긴
경우가 있었다. 그는 그로인해 팀 멤버들의 신뢰
를 계속 유지할 수 있었다.

◆ 편의시설 배분의 원칙이 확실하게 명시되어 있고
엄격하게 지켜지는지 확인해야 한다. 만약 편의
시설들이 작업 요건에 따라 배치되고 지위와 아

사무실의 편의시설에 관하여 큰 변화가 일어나고 있다.

무런 관련이 없다면 확인을 하고 이를 지켜야 한다.

◆ 사람들이 계획에 익숙해질 수 있도록 시간을 충분히 주어라. 절대로 마지막 순간에 기습적으로 사무실의 재배치 소식을 통보해서는 안 된다. 사람들이 변화에 익숙해지려면 시간이 필요하다.

오랫동안 기대 이하의 성과를 내 온 사람이 당신의
팀에 배치될 때.

적절하고도 교묘한 조치로는 문제의 직원을 다루
는 방법에 대해 인사부에 조언을 요청하는 것이다.
이렇게 하면 나중에 인사부를 개입시켜야 할 상황이
되더라도 훨씬 수월하게 문제를 풀어나갈 수 있다.

가장 중요한 것은 마음을 열고 편견없이 접근해야
한다는 점이다. 이 직원이 능력을 발휘할 수 없는 상
황이나 환경에 있을 가능성도 배제할 수 없기 때문
이다. 또 이런 직원을 관리할 때에는 매우 분명하게
대응하라고 충고하고 싶다. 그에게 어떤 결과를 기
대하고 있는지 확실히 말해 주고, 현실적이고 평가
가능한 목표들을 맡기는 것이 좋다.

이 직원의 성과에 대해 우려를 느낀다면, 이 상황
에서 가장 중요한 문제는 다른 팀원들과 똑같은 방

식으로 문제를 다뤄야 하느냐이다. 특히, 해당 직원이 문제를 해결할 수 있도록 시간을 어느 정도 허용해 줄 것인지 명확하게 정해 주어야 한다. 이 기간이 지나고 나면 조직에서 기대 이하의 성과를 내는 직원들을 다루기 위해 설정해 둔 절차들을 밟아야 한다. 당신은 지속적으로 기대 이하의 성과를 내는 직원들을 특별히 관대하게 대해 주지는 않는가? 이때 문제의 직원에게 개선할 기간을 얼마 정도 주어야 할지는 인사부에서 결정하도록 요구하는 것이 좋다.

팀 내의 한 사람이 업체로부터 부정한 돈을 받고 있
다는 의심이 들 때

　　팀장으로 일할 때 잘 판단해야 하는 것 중의 하나
가 "자신의 책임 하에 일을 처리할 것인지" 아니면
"전문가에게 도움을 청해야 할 것이지"를 구분하는
것이다. 이런 경우는 즉시 인사부에 알려야 한다. 명
심해야 할 법칙 중의 하나는 법정까지 갈 수 있는 문
제는 반드시 전문가에게 알려야 하며, 이들의 충고
를 글자 그대로 따라야 한다.

여기서 이 시나리오를 포함시킨 이유는 두 가지가
있다. 첫째는 내가 이 문제에 대한 정답을 모르고 있
다는 점이며, 둘째는 정답이란 아마도 존재하지 않
을 것이라고 생각하기 때문이다. 아니면 바람직한
대답조차도 없는 것은 아닌지 모르겠다.

나는 연구 과학자에서 팀장으로 바뀐 경우이다.
이때 특히 나를 놀라게 한 것은 바로 연구 과학자였
을 때 내가 일을 잘 하고 있는지를 판단하기가 팀장
일 때보다 훨씬 더 쉬웠다는 점이다. 연구원일 때에
는 어떤 식으로든 내 연구가 어떤지를 평가할 수 있
었다. 그러나 팀장의 경우는 다르다. 팀장의 세계는
종종 흑이나 백의 세계가 아니라, 회색의 그림자들
로 채워져 있을 경우가 많다.

이 시나리오의 특징도 어두운 회색의 그림자가 다

양하게 드리워져 있다. 만약 회사가 원하는 대로 따른다면 정직하다는 평판에 타격을 받을 것이다. 반면 의구심을 드러내면 경영진은 당신의 충성심이 부족하다며 비난할 것이다. 동전 던지기를 해서 당신이 이기면 그들이 지고, 그들이 이기면 당신이 지는 제로섬 게임이나 같은 것이다.

이런 경우 나라면 이렇게 할 것이다. 지시를 받은 대로 설명을 하고, 무언가 더 감춰져 있는 것 같지만, 그것은 시간이 더 지난 후에 전체적으로 알 수 있을 것이라고 설명하는 것이다.

안타깝지만 새로운 비즈니스 기회를 개발하는 것과 관련된 문제를 다루려면 책 한 권은 더 써야 할지도 모른다. 다만 새로운 비즈니스 기회를 개발할 때 흔히 간과할 수 있는 문제들 중에서 몇 가지만 설명하도록 하겠다.

### 기회를 측정할 수 있는가?

내 동료 중의 하나는 이를 '성공의 문제'라고 말한다. 특정한 서비스의 수요가 일정하게 성장할 경우는 거의 없다. 어떤 비즈니스가 성공할 경우, 그 성공은 대부분 단기간에 걸쳐 갑작스럽게 수요가 폭발하는 형태로 나타난다. 그런데 직원이나 조직이 그렇게 폭발적으로 성장할 수 있을까? 이런 성공의 문제를 다루기 위해서는 조직의 많은 지원이 필요하다.

### 예상할 수 있는 최악의 재무적 시나리오는 무엇인가?

비즈니스의 실패라는 최악의 시나리오를 분석한다는 게 얼마나 중요한지 이해하고 있는 팀장은 극히 드물다. 상품이나 서비스의 생산을 중단했을 때 그 상품이나 서비스를 이용하던 적은 수의 고객층을 관리하는 데는 비용이 얼마나 소요될까? 비즈니스가 실패하면 기존의 상품이나 브랜드가 입는 피해는 얼마나 될까? 소비자들에게 소송당할 가능성은 없는가? 바로 이런 이유들 때문에 기업은 비즈니스에 잠재된 문제들을 면밀히 검토해야 한다.

### 빠르게 추격해 오는 경쟁자들로부터 기회를 지킬 수 있는가?

시장에 가장 먼저 진출하는 것이 비즈니스 성공의 열쇠라는 잘못된 생각이 널리 퍼져 있다. 이런 통념

을 뒤집고 진실을 살펴보자. 시장에서 해당 상품이
나 서비스의 선도적인 브랜드를 처음 생산하는 기업
은 대개 돈을 가장 많이 벌 수 있다. 그런데 실제로
어떤 회사가 새로운 상품이나 서비스가 성공할 것이
라는 적절한 시장을 개발해 놓고서, 이런 초창기의
우위를 이른바 "재빠른 추격자"에게 빼앗기는 경우
가 많다. 이런 재빠른 추격자들은 대개 홍보 등에 활
용할 수 있는 기존의 브랜드를 보유하고 있거나, 신
속하게 판매를 확대하기 위해 새로운 강한 브랜드를
구축할 수 있는 자본과 조직 구조를 갖고 있다. 대부
분의 팀장들은 브랜드 개발과 관련된 문제를 제대로
이해하지 못하고 있다. 그래서 조직 내의 전문가들
에게 의존해야 하는데, 이는 시장을 빼앗기는 결정
적인 요인이 된다.

새로운 비즈니스를 개발할 때 팀장이 빠질 수 있
는 함정들에 대해 얘기하자면 끝이 없다. 나는 당신
의 조직이 당신의 성장에 필요한 모든 것을 갖고 있
다고 말하면서 당신을 안심시킬 수도 있다. 그러나

조직에는 반대의 목소리도 만만치 않다는 걸 알아야 한다.

이럴 때 한 번쯤 고려해 볼만한 기술이 있다. 바로 새로운 비즈니스를 개발하기 시작했다는 사실을 일단 비밀로 하는 것이다. 그러면 종종 비즈니스 개발에 필요한 추론적인 예산을 신속하게 산출할 수 있다. 또한 비즈니스의 원형을 조금이라도 보여줄 수 있다면 회사의 승인을 받을 가능성도 높아진다. 이런 접근 방식의 또 다른 장점은 대부분의 비즈니스 기회가 초기에 실패하기 때문에, 명백한 실패작들을 걸러낸 다음 팀이 더 좋은 비즈니스 계획을 내놓을 수 있다는 것이다.

괴롭힌 사람을 공개적으로 호되게 질책하고 싶겠지만, 아마도 사적인 자리에서 문제의 직원에게 당신의 생각을 솔직히 밝히고 질책하는 것이 좋다. 이 직원을 나무라기 위해 데리고 가면서 다른 직원들이 당신이 크게 화가 났다는 것을 알아도 상관은 없다. 단, 이런 문제는 질책을 받는 사람이 매우 부정적으로 반응할 것이기 때문에, 질책은 사적인 자리에서 하는 편이 낫다.

만약 차별적(성적, 종교적, 출신 지역에 관한)인 농담을 한 상황이라면, 모든 것을 고려해 본 후 공개적으로 질책하는 편이 낫다. 차별적인 농담을 한다는 것은 판단력에 큰 문제가 있다는 증거이다. 공개적인 질책으로 인해 느끼는 모욕감은 일시적일 수도 있고 오래 갈 수도 있다. 그러나 질책을 받은 사람은 상당 기간 동안 자신의 평판이 좋지 않다는 것을 깨달을 것이다.

팀장이 팀장 자신에게는 이익이 되지만 조직에 피해가 돌아 갈 수 있는 일을 하라고 요구할 때.

이런 문제에는 쉬운 해답이 없으므로, 이 상황에 대처할 수 있는 가능한 방법들을 알아보고, 각각의 다양한 대응을 선택하는 이유를 살펴보자.

1 아무런 항의나 이의 없이 따른다.

2 일단 이야기를 다 들어주고 가부 의사를 말하지 않은 다음, 이 요구를 철회하기 위해 대화를 한다.

3 요구한 바를 거절하고, 적절하지 않다고 생각되는 이유를 정중하게 설명한다.

4 그 팀장의 상사에게 어떻게 해야 할지 상의한다.

이 중에서 어떤 대응을 골라야 할까? 불행하게도 이 상황은 흑백논리로 구분할 수 없는 상황이다. 아마도 흑백보다는 사람을 분노하게 만드는 회색 같은 상황일 것이다.

이때 중요한 것은 팀장의 지시를 따랐을 때 조직 전체가 어떤 피해를 입을 것인가 하는 점이다. 피해가 적을 것이라고 판단되면 덜 극단적인 조치를 취해도 된다. 그러나 피해가 매우 크거나, 팀장의 요구가 비윤리적이거나 불법적이라고 판단될 때는 위의 네번째 대응을 선택하는 것이 좋다.

그밖에 하나 더 문제가 있다면 "팀장의 상사에게 알렸을 경우, 당신의 팀장이 어떻게 나올 것인가?"이다.

두 번째로 중요한 요소는 바로 팀장의 성격이다. 원한을 품을 가능성이 높은 독재적인 사람이라면 유연하게 대처하거나, 아니면 매우 강력한 반응을 보이는 편이 좋다. 만약 팀장이 합리적인 편이라면 2번 반응이 적절할 수 있다. 팀장이 나약하거나 비겁한 사람이라면 2번이나 3번이 좋을 것이다.

이 상황은 시나리오 13과 연결되어 있다. 팀장의 요구가 너무 심각하기 때문에 더 높은 직급의 상사에게 보고하기로 결정했더니, 그 상사가 알고 싶지 않다며 알아서 결정하라고 한다.

이 문제는 매우 중요한 원칙이 관련되어 있기 때문에 이 상황만 따로 떼어서 설명을 한다. 조직 내에서 공식적으로 문제를 제기했는데 소용이 없었을 때에는, 조직에 대한 책임은 다한 셈이라고 생각하면 된다. 더 높은 직급을 가진 상사에게 의논하려고 한다면, 문제를 일으킨다는 비판을 받아 곤란을 겪게 될 수 있다.

팀장의 상사로부터 만족스러운 해결책을 듣지 못했을 경우, 나라면 팀장의 지시를 따르거나 거절할 것이다. 만약 조직에 피해가 가는 상황일 뿐이라면 그 지시를 따르고, 반면 비윤리적이거나 불법적인 요구를 받았다면 거절하고 이유를 물을 것이다. 팀장이 그래도 고집을 부린다면 팀장에게 그 지시를 문서로 적어 달라고 요구하면 된다. 그러면 대부분의 팀장은 포기할 것이다.

그럼에도 불구하고 문서로 적어주는 상사가 있다면 나 역시 문서를 통해 거절의 뜻을 밝힌 다음, 사본을 팀장의 상사에게 보낼 것이다. 이런 경우에는 노조에 가입되어 있으면 매우 유리하다. 노조의 대리인에게 연락해서 조언을 받을 수 있기 때문이다. 이렇게 할 경우 그 팀장과 함께 일한다는 것이 매우 힘들어지긴 하겠지만, 반드시 원칙을 따라야 한다면 이렇게라도 해야 한다.

새로운 팀장이 불필요하게 세세한 문제들까지 관여
하려 할 때.

이때 팀장에게 꺼져버리라고 말하는 것이 정답이
지만 물론 이런 방식은 불가능하다. 설령 팀장이 당
신의 건의를 받아들인다고 해도 스스로 변화할 가능
성은 거의 없다. 어쩌면 시간이 지나 팀장과 좋은 관
계를 형성한 다음, 지나치게 세세하게 통제하려는
성향에 대해 사심없이 토의하는 방법이 가장 좋다.
그러나 그렇게 관계를 형성하기 전까지는 현재의 상
황을 받아들이는 것이 현명한 대처 방법이다.

여기에 대응할 수 있는 방법은 없다는 사실을 깨
달아야 하며, 필요할 경우 팀원들 모두가 받아들여
야 한다. 변화시킬 힘이 없으면 스트레스를 덜 받는
방법을 모색하는 것이 좋다. 그래도 피해를 완화시
킬 수 있는 방법이 두 가지 있다.

첫째, 팀의 모든 재정적인 측면은 확실하게 다루어야 하며, 결과에 영향을 미칠 수 있는 문제는 완벽한 절차에 따라 진행해야 한다. 이는 세세한 것까지 통제하는 팀장에 대응하는 가장 좋은 방법이다.

둘째, 팀장에게 매주 업무 진행 보고서를 제출하라. 상사에게 당신이 하는 일을 잘 설명함으로써 팀장을 안심시켜 줄 수 있을 뿐만 아니라, 문제가 될만한 부분을 미리 알려주었다는 것을 보여주는 것이 좋다.

# 맺음말

　이 책을 속속들이 읽는다고 해서 경영과 리더의 역할을 다 알 수는 없지만, 왜 어떤 것들은 성공하고 또 어떤 것들은 실패하는지를 조금은 알게 되었을 것이다. 이 책에서 설명하는 모든 방법을 곧바로 실행에 옮길 필요는 없다. 먼저 새로운 아이디어를 몇 가지 시도해 보고 자신에게 잘 맞는지 한 번 살펴보는 것이 필요하다.

　이 책에서는 마케팅과 비즈니스 기획 등 여러 영역에 걸쳐 간략하게 설명했지만, 이를 통해 이 분야에 관한 더 많은 책을 읽어 봐야겠다는 자극제가 되었기를 바란다.

팀장이자 리더라는 직책은 현대 조직에 있어 매우 중요한 위치이다. 이 책을 통해 낮은 직급의 팀장들이 조직 전체의 재정적인 발전에 얼마나 중요한지를 강조하려고 했다. 팀장들은 자신의 위치에 더 많은 자부심을 느끼고 조직과 자신의 발전을 위해 솔선수범해야 한다. 훌륭한 경영과 관리를 이해하는 것은 쉽지만 실제로 실행하기는 매우 어렵기 때문이다.

# 감사의 글

직장에서 일하면서 이 책을 쓸 수 있도록 후원해 준 퀴네티큐QinetiQ 사에 감사를 드리고 싶다. 닐 헵워스Neil Hepworth에게도 깊은 감사를 드린다. 한 Chapter씩 쓰는 대로 곧바로 평가를 하고, 집필하는 동안 내내 격려와 충고를 아끼지 않아 이 책을 완성하는데 큰 도움을 주었기 때문이다.

이 책을 읽고 피드백을 해 준 많은 친구와 동료들의 응원이 있었다. 마크 갬블Mark Gamble, 캐스 힙우드Cath Hipwood, 켄과 크리스틴 마고완Ken and Christine Magowan, 스티브 미첼Steve Mitchell, 마이클 오마호니Michael O'Mahony, 에릭 필링Eric Peeling, 토마스 펫포드Thomas Petford, 주타 스파니올Jutta Spaniol, 샐리와 데이빗 리스Sally and David Rees, 롭 롤링손Rob Rollingson, 줄리안 셋첼Julian Satchell, 마이크 와일드Mike Wild, 아서

윌리엄스Arthur Williams 그리고 해리엇 여만Harriet Yeoman에게 감사를 드린다.

특히 초고를 검토한 리처드 크리스널Richard Chrisnall, 던컨 맥레이Duncan Machray, 베티 매크만Betty Mackman, 매튜 펙Matthew Peck, 앤-마리 로카Anne-Marie Rocca 그리고 앨런 왓슨Alan Watson에게 큰 감사를 전하고 싶다. 그 외에 이 책의 내용에 대해 많은 조언을 해 준 친구와 동료들-너무도 많아 일일이 열거할 수 없지만-에게도 고마움을 전한다. 마지막으로 이 책에 대해 굳은 믿음을 보여온 피어슨 에듀케이션Pearson Education 출판사의 직원들과 레이첼 스톡Rachel Stock에게 감사를 전한다.

닉 필링

CEO를 꿈꾸는 **팀장의 조건**

1쇄 발행 2006년 8월 17일
2쇄 발행 2007년 9월 7일

**지은이** 닉 필링 · **옮긴이** 양영철
**펴낸곳** 도서출판 **맑글빛냄** · **인쇄** 삼화인쇄(주)
**펴낸이** 박승규 · **마케팅** 최윤석 · **편집** 김보미 · **디자인** 진미나
**주소** 서울시 마포구 동교동 203-4 함께 일하는 사회 빌딩 301호
**전화** 325-5051 · **팩스** 325-5771
**등록** 2004년 3월 12일 제313-2004-000062호
**ISBN** 89-92114-05-2   03320
**가격** 10,000원